Jugendkunstschule Offenbach
Musisch-kulturelle Bildung
Ein Modellversuch

Veröffentlicht im LKD-Verlag, Unna
Oktober 1995
© Copyright bei den Autoren
Redaktion: Stefan Scheuerer, Dr. Bernd Spahn
Umschlaggestaltung, Layout und Fotos: Stefan Scheuerer
Herstellung: Druckwerkstatt Hafen, Münster

Printed in Germany
BLK-Nr. A 6403.00
ISBN 3-925426-92-2

Inhaltsverzeichnis

Seite

Teil A
Abschlußtagung des Modellversuchs

1 Grußworte 13
1.1 *Bernd Spahn* (Modellversuchsleiter) 13
1.2 *Reinhard Mohaupt* (BMBF) 17
1.3 *Lore Ringwald* (1. Vorsitzende der JKS) 21
1.4 *Peter Schermer* (Hess. Kultusministerium)
Musisch-kulturelle Bildung in der beruflichen Bildung 23

2 Der Modellversuch im Überblick 35
Stefan Scheuerer
Förderung musisch-kultureller Angebote in der
beruflichen Bildung. Ein Bericht über den
Modellversuch der Jugendkunstschule Offenbach 35
2.1 Historischer Bezug 35
2.2 Die Jugendkunstschule 38
2.3 Statistischer Überblick über den Modellversuch 38
    2.3.1 Die drei Berufsschulen 38
        2.3.1.1 August-Bebel-Schule 39
        2.3.1.2 Käthe-Kollwitz-Schule 39
        2.3.1.3 Theodor-Heuss-Schule 39
    2.3.2 Die Schulformen und Klassen 40
    2.3.3 Die BerufsschülerInnen 42
        2.3.3.1 August-Bebel-Schule 42
            2.3.3.1.1 Kfz-Lackierer (KL) 42
            2.3.3.1.2 Eingliederungslehrgang in die Berufs-
und Arbeitswelt (EBA) 43
            2.3.3.1.3 Berufsgrundbildungsjahr (BGJ El./Met) 43
        2.3.3.2 Käthe-Kollwitz-Schule 44
            2.3.3.2.1 Berufsvorbereitungsjahr (BVJ soz) 44
            2.3.3.2.2 Vorpraktikantinnen für die Fachschule
für Sozialpädagogik (VSU, VSM) 44
            2.3.3.2.3 Fachschule für Sozialpädagogik (FSU, FSO) 45
            2.3.3.2.4 Berufsschule für Körperpflege (KöM) 46
            2.3.3.2.5 Werkstatt für Behinderte (WfB) 46
            2.3.3.2.6 2jähr. Berufsfachschule sozialpfleger. und
sozialpädagog. Berufe (BFS soz) 47
            2.3.3.2.7 Jugendliche ohne Ausbildungsvertrag (BSM) 47

2.3.3.2.8 Eingliederungslehrgang in die Berufs- und Arbeitswelt (EBA)	48
2.3.3.2.9 Klassen zur Ausbildung von Damenschneiderinnen (DS)	48
2.3.3.3 Theodor-Heuss-Schule	50
2.3.3.3.1 Berufsvorbereitungsjahr (BVJ kfm)	50
2.3.3.3.2 Berufsgrundbildungsjahr (BGJ kfm)	50
2.3.3.3.3 Förderlehrgänge des Int. Bundes für Sozialarbeit (FLIB)	50
2.3.3.3.4 Justiz- und Verwaltungs- angestellte (FJu, ReNo, FVA)	51
2.3.3.3.5 Berufsfachschule für Arzthelferinnen (AH)	52
2.3.3.3.6 Berufliches Gymnasium (Wirtschaft, 13. Kl.)(BGym)	52
2.3.3.4 Allgemeine SchülerInnendaten	53
2.3.4 Die BerufsschullehrerInnen	54
2.3.5 Die Mitarbeiter der Jugendkunstschule Offenbach	55
2.3.6 Die musisch-kulturellen Angebote	55
2.3.7 Unterrichtsorganisation	59
2.4 Der konzeptionelle Ansatz	60
2.5 Mögliche Ziele musisch-kultureller Bildung	63
2.5.1 Persönlichkeitsfördernde Faktoren	63
2.5.2 Berufsorientierte Fachpraxis u. -theorie	64
2.5.3 Kulturelle/Ästhetische Bildung	65
3 Erfahrungsberichte	**71**
3.1 Darstellendes Spiel	71
3.1.1 Prolog	71
Barbara Krämer-van de Loo Theater in der Berufsschule	71
3.1.2 *Sylvia Schopf* Verlauf einer Theaterwerkstatt-Stunde	72
3.1.3 Epilog	74
3.1.3.1 *Barbara Krämer-van de Loo, Meike Wagenknecht* Erfahrungen mit der Theaterarbeit	74
3.1.3.2 *Sylvia Schopf* Und plötzlich soll man kreativ sein Notizen, Beobachtungen und Gedanken zur Theaterarbeit mit BerufsschülerInnen	75

3.1.3.3 Sylvia Schopf
   Zwei Beispiele für Theaterwerkstatt-Stunden 79
   3.1.3.3.1 Wie eine Handlungsfolge entstehen kann:
      Vom Kissen zur Putzfrau im Gericht 79
   3.1.3.3.2 Talkrunde zur Ausbildungssituation 81

3.2 Bildnerisches Gestalten 85
Doris Freise, Brigitte Gutwerk
Multimedia-Show 85
3.2.1 Idee und Entstehung des Projektes "Multimedia" 85
3.2.2 Was ist eine Multimediashow? 86
3.2.3 Aufbau und Verlauf des Projektes 87
3.2.4 Einschätzung des Projektes im Rückblick 92

3.3 Plastisches Gestalten 95
Eva Bauhoff, Maria Czaja, Klaus Denfeld
Arbeiten mit Ton und Speckstein 95

4 Erziehungswissenschaftliche Betrachtung 103
Albert Scherr
Jugend, Schule und Kultur
Kulturarbeit als Krisenmanagement? 103

5 Podiumsdiskussion 111
Musisch-kulturelle Bildung
Nicht nur schön, sondern auch nützlich? 111

Teil B
Stefan Scheuerer
1 Beispiele aus der Praxis des Modellversuchs 137
2 Beantwortung der Fragestellungen des Modellversuchs 167

Teil C
1 Verzeichnis der Abkürzungen 179
2 Verzeichnis der Abbildungen 181
3 Literatur 183

Teil A

Abschlußtagung des Modellversuchs

Tagungsprogramm
Freitag, 18. November 1994

ab 9:00 Uhr Anmeldung im Ledermuseum

10:00 Uhr Begrüßung und Einführung
Dr. Bernd Spahn
(Leiter des Modellversuchs)

Reinhard Mohaupt
(Referat "Kunst, Kultur und Sport" im Bundesministerium für Bildung und Wissenschaft)

Lore Ringwald
(1. Vorsitzende des Trägervereins der Jugendkunstschule Offenbach)

Stephan Wildhirt (angefragt)
(Schul- und Kulturdezernent)

10:30 Uhr **Peter Schermer**
(MinDirig. im Hessischen Kultusministerium)
"Musisch-kulturelle Bildung in beruflichen Schulen"
Referat mit anschließender Diskussion

11:00 Uhr *Kaffeepause*

11:15 Uhr *Erfahrungsberichte I*
Darstellendes Spiel
Sylvia Schopf
(Kursleiterin an der JKS)
Barbara Krämer-van de Loo
(Lehrerin an der Theodor-Heuss-Schule)
Meike Wagenknecht
(ehem. Schülerin der Theodor-Heuss-Schule, Justizangestellte)

11:60 Uhr **Stefan Scheuerer**
(Pädagogischer Mitarbeiter im Modellversuch)
"Förderung musisch-kultureller Angebote in der beruflichen Bildung"

12:20 Uhr *Erfahrungsberichte II*
Bildnerisches Gestalten
Brigitte Gutwerk
(Kursleiterin an der JKS)
Doris Freise
(Lehrerin an der Theodor-Heuss-Schule)
Klaus Denfeld
(Lehrer an der Theodor-Heuss-Schule)
Eva Bauhoff
Maria Czaja
(Schülerinnen der Theodor-Heuss-Schule, Azubis zu Rechtsanwalts- und Notariatsgehilfinnen (ReNo))

12:55 Uhr Klärung organisatorischer Fragen

13:00 Uhr *Mittagspause*

Es hat Spaß gemacht, mit anderen zusammenzuarbeiten.
(Thorsten, 16 Jahre, BGJ)

Es (= Plastisches Gestalten) war total entlastend und befreiend gegenüber den anderen Schulstunden, da der Streß von einem genommen wurde.
(Sandra, 18 Jahre, ReNo)

Ich fand es gut, etwas Kreatives zu machen. Man sah zum Schluß, was beim Töpfern rauskam und durfte es dann auch mitnehmen.
(Regine, 20 Jahre, FJu)

Wir haben uns gegenseitig neu kennengelernt (z.B. durch Ideen, Kreativität). Es ist hilfreich für den Zusammenhalt der Klasse, weil das Arbeiten ohne Leistungstreß war.
(Melina, 18 Jahre, ReNo)

Im allgemeinen hat mir die Teilnahme gut gefallen, da gerade "handwerkliche" Arbeit und Kreativität ansonsten heutzutage nicht mehr angeboten und gefördert werden. Weiterhin ist als gut zu bewerten, daß eine Person der Jugendkunstschule dieses Projekt angeleitet hat.
(Jane, 19 Jahre, ReNo)

14:30 Uhr **Prof. Dr. Albert Scherr**
(FH Darmstadt)
"Jugend, Schule und Kulturarbeit als Krisenmanagement?"

15:00 Uhr *Videofilme*
"Multimediashow"
(Berufsfachschule, 9. Klasse an der Theodor-Heuss-Schule, angeleitet von Brigitte Gutwerk)
"Theaterarbeit"
(Schülerinnen angeleitet von Sylvia Schopf)

15:15 Uhr *Kaffeepause*

15:30 Uhr Podiums- und Plenumsdiskussion
"Musisch-kulturelle Bildung - Nicht nur schön, sondern auch nützlich?"

Teilnehmer:
Gabriele Vogt
(RegDir'in im Hessischen Kultusministerium)
Werner Scholz
(LSAD des Staatl. Schulamts)
Gerd Müller
(OStD der Käthe-Kollwitz-Schule)
Barbara Krämer-van de Loo
(Lehrerin an der Theodor-Heuss-Schule)
Sylvia Schopf
(Kursleiterin an der JKS)
Stefan Scheuerer
(Pädagog. Mitarbeiter im Modellversuch)
N.N.
(Betriebl. Ausbilder)

Moderation: **Dr. Bernd Spahn**

16:30 Uhr Informelle Gespräche

17:00 Uhr *Ende der Tagung*

1 Grußworte

1.1
Bernd Spahn
Eröffnung der Tagung
"Musisch-kulturelle Bildung in der beruflichen Bildung"

Meine sehr geehrten Damen und Herren,
ich begrüße Sie herzlich zur Abschlußtagung des Modellversuchs "Förderung musisch-kultureller Angebote in der beruflichen Bildung".

Die heutige Tagung schließt unseren Modellversuch nach drei Jahren intensiver Arbeit und fruchtbarer Kooperation mit den beteiligten Schulen, der August-Bebel-, der Käthe-Kollwitz- und der Theodor-Heuss-Schule ab.

Wir mußten lange um diesen Modellversuch kämpfen, erst als keiner mehr - außer Herrn Schermer und mir - an das Projekt glaubte, wurde es bewilligt. In diesem Zusammenhang möchte ich den hohen Einsatz von Herrn Schermer betonen, der als Vertreter Hessens in der Bund-Länder-Kommission gegen große Widerstände aus dem Bundesministerium für Bildung und Wissenschaft ankämpfen mußte.

Der neue Erlaß des Hessischen Kultusministers, der musisch-kulturelle Bildung an beruflichen Schulen als Wahlpflichtfach ermöglicht und die Forderung nach "Öffnung von Schule" zeigen uns, daß wir damals wie heute auf dem richtigen Weg waren bzw. sind.

Man könnte auch sagen, wir liegen voll im Trend, die Zeit ist reif für musisch-kulturelle Bildung - das muß nicht heißen, daß alle das schon gemerkt hätten.

Friedrich Schiller sagt: "Der Mensch ist nur dort wirklich Mensch, wo er spielt". Einige Religionen, darunter der Hinduismus, kennen das "Gleichnis vom Schöpfer als einem spielenden Kinde".[1]

Doch nicht nur Klassiker, Pädagogen und Religionsforscher verweisen auf die Bedeutung von Spiel und Kreativität. Gerne zitiere ich einen Naturwissenschaftler, Gerd Binnig, 1986 Nobelpreisträger für Physik, der sich besonders mit der Welt des Fraktals beschäftigt. Von dort ist es nicht weit zur Chaos- und Kreativitätstheorie (man beachte die nahe Verwandtschaft).

Binnig stellt einen Zusammenhang zwischen dem Lernen der Natur, also der Evolution und dem Lernen des Individuums bzw. der Gesellschaft her:

"Wie die Natur aus Erfahrung lernt, hat Darwin beschrieben, und kann man heute vielleicht so formulieren: durch Reproduktion, Tod, Mutation, Selektion, Attraktion und Isolation.

Ich denke, dies ist genau der gleiche Mechanismus, nach dem wir Menschen lernen. Besonders deutlich kann man es bei einem Kind beobachten. Im Spiel werden ständig neue Varianten ausprobiert (Mutation) und im Falle ihres Erfolges werden diese Varianten wiederholt und verfestigen sich möglicherweise als Fertigkeiten oder Verhaltensweisen (Reproduktion). Das Kind prüft den Erfolg einer Aktion (Auslese). Geeignetere Verhaltensweisen lösen ältere, weniger erfolgreiche ab (Tod). Mit Neugierde sucht das Kind den Kontakt zur Umwelt und den Mitmenschen (Attraktion) und grenzt sich andererseits gegenüber Ungeliebtem deutlich und zu allem anderen wohldosiert ab (Isolation). Diese Lernweise nenne ich fraktalen Darwinismus, weil sie meines Erachtens auf jeder Skala stattfindet. Unser Ökosystem lernt so, menschliche Gesellschaften, individuelle Menschen, deren Organe, die Zellen, aus denen sie bestehen, und vielleicht sogar die Materie, aus der all dies gemacht ist, lernt auf diese Art und Weise. (...)

In unserem Schulsystem bzw. an unseren Universitäten wird anders gelernt und gelehrt. Da spielt von den genannten sechs Begriffen nur einer eine Rolle: die Reproduktion. (...) Es wäre zwar deutlich, aber nicht ganz fair. Es gibt alle wichtigen Elemente an unseren Schulen. Ich denke dennoch, daß die Reproduktion deutlich überbetont wird. Diese Fähigkeit verliert aber im Berufsleben an Bedeutung, und Auslese, Kritikfähigkeit, und Mutation, also spielerische Fähigkeiten, werden immer wichtiger."[2]

Das spielerische Lernen des Kindes stellt für immer mehr Denker und Forscher eine Metapher dar für den wünschenswerten und angemessenen Umgang mit der ständig wachsenden Komplexität des Lebens auf allen Ebenen, mit der wir konfrontiert sind.

Forschung, Entwicklung und wissenschaftliche Erkenntnis, deren Niveau wir unsere medizinische Versorgung, unseren Lebensstandard und den Grad unserer Naturbeherrschung verdanken, haben sehr viel mit Kreativität, mit Lernen, mit Spiel, mit Experimentieren zu tun. Und damit schließt sich der Kreis.

Eine Neueinschätzung musisch-kultureller Bildung seitens der Wirtschaft bzw. seitens aufgeklärter Wirtschaftsvertreter ist im Kontext neuer Managementkonzepte zu beobachten.

"Diese fordern vom Einzelnen nicht nur Selbstverantwortlichkeit, Kommunikationsbereitschaft und Teamfähigkeit, sondern auch dauerhafte Innovationsbereitschaft und die Kompetenz zum Initiieren kreativer Effekte am eigenen Arbeitsplatz."[3]

Der Chef der Personalplanung bei VW äußert sich zu den Berufsschul- und Hochschulabsolventen wie folgt:

"Das Problem ist nicht was, sondern wie sie lernen (...) Niemand hat den jungen Leuten beigebracht, im Team zu arbeiten (...) Gruppenarbeit, Abbau von Hierarchie, das Fördern von Kreativität sind heute wesentliche Bestandteile der Arbeitsorganisation".[4]

Musisch-kulturelle Bildung und künstlerisches Handeln durchbrechen das Monopol des rein kognitiven Lernens zugunsten eines Lernmodells, das theoretisches und praktisches Arbeiten verbindet, das sinnlich-emotionale und kognitiv-reflexive Momente einschließt. Gemeinsames künstlerisches Arbeiten ebnet hierarchische Strukturen des Umgangs miteinander ein und fördert so neben der Kreativität auch die Teamfähigkeit.

In dieser - und natürlich nicht nur in dieser - Hinsicht ist musisch-kulturelle Bildung schön und nützlich zugleich. Doch ich fürchte, das war ein unzulässiger Vorgriff auf das Ergebnis dieser Tagung, das ja erst heute Abend feststeht.

Jene Vertreter der Wirtschaft, die Vorbehalte gegenüber musisch-kultureller Bildung haben, sollten begreifen, daß sie ihrem Betrieb keinen Vorteil verschaffen mit kurzsichtigen und vergangenheitsverhafteten Erwartungen an traditionelle Qualifizierung.

Was ich damit meine? "In einen hohlen Kopf geht viel Wissen" (Karl Kraus).

Abschließen möchte ich mit Karl Valentin, der auf seine unnachahmliche Art die Sache auf den Begriff bringt, indem er sagt: "Kunst ist schön, macht aber viel Arbeit".

Das gleiche gilt sicher auch für die Aufklärung (hier: über den Nutzen und die Schönheit musisch-kultureller Bildung). In diesem Sinne wünsche ich all jenen, vor denen diese Aufgabe steht, viel Erfolg. Ebenfalls viel Erfolg wünsche ich natürlich unserer heutigen Tagung. Ich hoffe, daß von ihr starke Impulse im Sinne des Modellversuchs ausgehen.

Anmerkungen:

[1] Vgl.Volker Sommer: "Das schöpferische Spiel". In: Chaos und Kreativität, Geo Wissen, H.2 (1990), S.64.

[2] G. Binnig: Freies Spiel für unseren Kreativitätsmuskel. Plädoyer für ein neues Denken. In: Kreativiät ist... 21. Internationaler Jugendwettbewerb der genossenschaftlichen Banken, hg.v. Bundesverband der Deutschen Volksbanken und Raiffeisenbanken, Wiesbaden 1990, S.20.

[3] Zit. n. Dokumentation der Arbeits- und Informationstagung "Kreativität und berufliche Bildung", vom 24. bis 26.2.94 im Bauhaus Dessau, S.2.

[4] Der Spiegel, H.23 (1992), S.53.

1.2
Reinhard Mohaupt
Grußwort

Meine sehr geehrten Damen und Herren,

zunächst herzliche Grüße von der Leitung des ehemaligen Bundesministeriums für Bildung und Wissenschaft. Heute erfolgt die Amtseinführung des neuen Bundesministers für Bildung, Wissenschaft, Forschung und Technologie.

Zum heutigen Anliegen: Die Qualität der beruflichen Bildung, darüber sind sich wohl alle einig, ist für die wirtschaftliche und gesamte Entwicklung in Deutschland von maßgeblicher Bedeutung. Das duale System der beruflichen Bildung wird weithin gelobt. Viele Staaten interessieren sich für diese Form der beruflichen Bildung in Deutschland. Auch im europäischen Rahmen nehmen die Fragen der beruflichen Bildung einen zunehmenden Stellenwert ein. So sprachen sich die Bildungsminister dafür aus, daß die Ausbildung stärker als bisher mit der Förderung allgemeiner Kompetenzen verbunden sein sollte. Nun kann man sich sicherlich sehr lange darüber verständigen und auch streiten, was denn zu diesen allgemeinen Kompetenzen gehört.

Ich betrachte den heute hier in Rede stehenden Modellversuch als ein Diskussionsangebot in dieser Debatte. Ich glaube, daß die Ergebnisse, soweit sie aus den Zwischenberichten bereits erkenntlich geworden sind, auch einen sehr inhaltsreichen Diskussionsbeitrag darstellen.

Der Antrag für den Modellversuch ging von der Analyse aus, die in der "Konzeption Kulturelle Bildung" vom Deutschen Kulturrat, und zwar in der 1988 vorgelegten Konzeption, getroffen wurde. Damals wurde festgestellt, daß in der beruflichen Bildung die kulturelle Bildung oder die musisch-künstlerische Erziehung keinen Eingang in die allgemeinen Ausbildungsformen gefunden habe. Diese Situation ist durch eine Reihe von Bemühungen, auch durch den Modellversuch hier, aber auch durch andere Modellversuche, Herr Dr. Spahn hat davon schon gesprochen, sowie durch das Konzept "Öffnung von Schule" und andere Fragen verbessert worden. Zu fragen bleibt, ob kulturelle Bildung in der beruflichen Bildung den Stellenwert hat, der allgemein gefordert wird, sowohl von der Industrie als auch von anderen Arbeitgebern.

Die Lösung des Problems ist natürlich komplizierter als die

Feststellung des Defizits. Komplizierter, weil der Zeitrahmen, der für die Ausbildung sowohl im theoretischen als auch im praktischen Teil zur Verfügung steht, begrenzt ist. Die Anforderungen an die Ausbildung wachsen durch eine Reihe von Entwicklungen in der Gesellschaft. Ich nenne nur einige: Moderne Informationstechniken verlangen neue Ausbildungssegmente; europäische Integration verlangt fremdsprachliche Ausbildung; bestimmte Fragen der Schlüsselqualifikationen wie Team-fähigkeit, Flexibilität, Mehrfachausbildung stellen sich neu. Die einen fordern als Ausbildungsziel den Generalisten, der möglichst vieles kann, die anderen den tiefergehenden Spezialisten. Wir haben diese Diskussion zum Beispiel bei der Herausbildung von Berufsprofilen in den audiovisuellen Bereichen.

Die Bildungsminister der Europäischen Union sprachen sich im Juli dieses Jahres bei ihrem Treffen für eine Steigerung der Attraktivität der beruflichen Ausbildung aus. In einer Presseerklärung des Bundesministeriums für Bildung und Wissenschaft vom Juli '94 heißt es dazu: "Die Wirtschaft in allen Staaten der Europäischen Union braucht in zunehmendem Maße praxisnah ausgebildete Fachkräfte mit hohen fachlich-theoretischen und allgemeinen Kompetenzen."

Es bot sich für den Modellversuch in Offenbach an, eine Kooperationsform zu wählen, die Kooperation zwischen einer kulturellen Einrichtung - der Jugendkunstschule Offenbach - und mehreren beruflichen Schulen, um dem als defizitär Erkannten zu begegnen. Dieser Grundansatz, der hier als Modellkonzept eingebracht wurde, wurde schließlich von der Bund-Länder-Kommission für Bildungsplanung und Forschungsförderung zur Förderung empfohlen. An dieser Stelle muß ich anmerken, in den Akten findet sich nichts von Widerständen des Bundesministeriums für Bildung und Wissenschaft, sehr wohl von gründlicher Prüfung.

Die Praxis hier in Offenbach zeigt, daß verschiedene Möglichkeiten der Verzahnung unterrichtlicher und außerunterrichtlicher Bildungsarbeit entwickelt und erprobt wurden und daß es zu den Ergebnissen differenzierte Einschätzungen gibt. Der Kooperation zwischen Schulen und Kultureinrichtungen oder freien Trägern der Kulturarbeit kommt im Interesse der kulturellen Bildung eine immer größere Bedeutung zu. Das Bundesministerium für Bildung und Wissenschaft hat in den letzten Jahren mehrere Modellversuche zu unterschiedlichen Kooperationsformen - gerade auch im Bereich der Jugendkunstschulen - gefördert. Die 1994 vom Deutschen Kulturrat vorgelegte "Konzeption Kulturelle Bildung" weist deutlich auf die Vorzüge dieser Kooperationen hin, da sich bei der Verbindung von unterrichtlicher und außerunterrichtlicher Arbeit ganz spezifische Bedingungen als Vorzüge darstellen. Ich nenne nur ein paar Stichworte: die Freiwilligkeit des Lernens oder der künstlerischen Arbeit, Lernen und Kennenlernen, Erfahrungspotentiale erschließen abseits vom Leistungsdruck. Es sind andere pädagogisch-didaktische Ansätze möglich als im curricularen Unterricht. Größere Spielräume für Selbsterfahrung ergeben sich. Freie Diskussionsebenen, die Anregung von Phantasie und Kreativität sind in diesen Bereichen eher gegeben als Bildungsformen, die notwendigerweise erfolgsorientiert und mit Hilfe von Zensuren einschätzbar sind. Diese Feststellungen sind durch Meinungen der Auszubildenden belegt. Das spiegeln die Zwischenberichte wider. Die Auszubildenden benennen diese Merkmale als Vorzüge. Die in den Zwischenberichten publizierten Ergebnisse und Probleme, auch die kritischen, sehr selbstkritischen Darstellungen bieten nach meiner Auffassung eine sehr gute Beschreibung der Zielvorstellungen und Arbeitsschritte, nachvollziehbar auch für andere Schulen und kulturelle Einrichtungen. Die Zwischenbilanz macht neugierig, heute hier erlebnisnah von Beteiligten, Lehrern, Kursleitern, Auszubildenden mehr darüber zu hören. Sie erlegt gleichsam die Verpflichtung auf, für den Abschlußbericht diesen Reichtum an Erfahrungen zusammenzufassen und für die Verallgemeinerung, die Nachahmung an beruflichen Schulen in Deutschland bereitzuhalten. Der Kerngedanke des didaktischen Konzepts beruht auf der Verbindung von persönlichkeitsfördernden Elementen - wie Kommunikationsfähigkeit, Öffnung der Beteiligten für andere Sichtweisen, Teamfähigkeit - mit solchen Komponenten, die unmittelbar berufsorientierend sind. Sie werden verknüpft mit ästhetischen Erfahrungen, mit der Bildung der Sinne im Interesse der gesamten Persönlichkeitsentwicklung.

Diese Abschlußtagung betrachte ich als eine gute Gelegenheit, diese Gedanken, Erfahrungen, Erkenntnisse zur Diskussion zu stellen, damit sie dann in einem höheren Verallgemeinerungsgrad publiziert werden können.

Ich möchte anregen, daß man heute die Gelegenheit nutzt und vor allen Dingen die wenige bis zum Abschluß im Januar 1995 noch verbleibende Zeit nutzt, um über die Fortführung und das komplizierte Problem der Finanzierungsmöglichkeiten bei der Fortführung zu diskutieren. Ohne das Ergebnis vorwegnehmen zu wollen, kann man sicher sagen, daß eine gute Arbeit geleistet worden ist. Ich denke, die beste Würdigung der Arbeit besteht darin, daß sie a) am Standort hier und anderswo weitergeführt wird und b) weiterentwickelt wird und damit in die berufliche Bildung auf lange Sicht auch eingehen kann. Der Modellversuch ist vom Land Hessen und vom Bundesministerium für Bildung und Wissenschaft mit über einer Million DM gefördert worden. Daraus erwächst auch eine Verantwortung für die möglichst breite Nutzung der erzielten Ergebnisse.

Ich möchte in diesem Zusammenhang allen Beteiligten, vor allen dem Leiter des Modellversuchs, den sehr engagierten Direktoren, Lehrern, Kursleitern danken und natürlich auch allen, die dieses Projekt fördernd begleitet haben. In diesem Sinne wünsche ich uns allen eine interessante Tagung und gute Arbeitsergebnisse.

1.3
Lore Ringwald
Grußwort

Meine sehr geehrten Damen und Herren,
ich freue mich, Sie heute - in meiner Eigenschaft als 1. Vorsitzende des Trägervereins der Jugendkunstschule und als stellvertretende Vorsitzende der Stadtverordnetenversammlung - zur Abschlußtagung unseres Modellversuchs begrüßen zu können.

Namentlich begrüßen möchte ich: den Vizepräsidenten des Hessischen Landtags, Herrn Schoppe, Herrn Mohaupt vom Bundesministerium für Bildung und Wissenschaft, Herrn Schermer und Frau Vogt vom Hessischen Kultusministerium, Herrn Scholz, den Leiter des Staatlichen Schulamtes, die Leiter der beteiligten Modellversuchsschulen, Herrn Müller, Herrn Hohlstein und Herrn Hill.

Entschuldigen möchte ich Herrn Prof. Albert Scherr, unseren Referenten, wegen Krankheit sowie Herrn Stadtrat Wildhirt wegen anderweitiger dienstlicher Verpflichtungen.

Wir freuen uns, daß es uns in Zeiten knapper Geldmittel und zugeknöpfter Taschen vergönnt war, etwas zu erproben, das wir für sehr wichtig und zukunftsweisend halten: die musisch-kulturelle Bildung in der beruflichen Bildung.

Musisch-kulturelle Bildung hat allgemeinbildenden Charakter, sie stellt von daher eine notwendige und wünschenswerte Ergänzung der beruflichen Fachausbildung dar. Musisch-kulturelle Bildung sollte - da sie Kreativität und Kooperationsfähigkeit fördert - integraler Bestandteil allgemeiner und anspruchsvoller beruflicher Bildung sein. Es ist zur Zeit wieder häufiger davon die Rede, die berufliche Bildung aufzuwerten und sie der akademischen Bildung gleichzustellen. Auch unter dieser Intention liegt es nahe, die musisch-kulturelle Bildung als Wegbereiter zu nutzen. Gerne zitiere ich die Schülerin Melina, 18 Jahre, in der Ausbildung zur Rechtsanwalts- und Notariatsgehilfin. Über ihre Erfahrungen mit dem Modellversuch sagt sie: "Wir haben uns gegenseitig neu kennengelernt (z.B. durch Ideen, Kreativität). Es ist hilfreich für den Zusammenhalt der Klasse, weil das Arbeiten ohne Leistungsstreß war". Hier wird das betont, was in fortgeschrittenen und fortschrittlichen Lern- und Arbeitsprozessen bereits praktiziert wird und was gar nicht hoch genug eingeschätzt werden kann: Teamfähigkeit und kreatives Denken.

Lassen Sie mich abschließend betonen, daß die Jugendkunstschule Offenbach, die mit dieser Tagung ihren zweiten Modellversuch abschließt, auch weiterhin offen ist für Kooperationen mit anderen Schulen und Institutionen. Nach unserem ersten Modellversuch, in dem es um die musisch-ästhetische Bildung von ausländischen und deutschen Kindern ging, führten wir die Kooperation mit den beteiligten Grundschulen in begrenztem Rahmen - finanziert aus Projektmitteln des Hessischen Ministeriums für Wissenschaft und Kunst - fort.

Ich darf Ihnen heute ankündigen, daß wir auch die Zusammenarbeit mit den beruflichen Schulen in begrenztem Umfang weiterführen werden, sofern uns die entsprechenden Projektmittel zur Verfügung stehen, wovon wir allerdings ausgehen.

Ich danke Ihnen für Ihr Interesse an unserer Tagung und wünsche dieser Tagung einen guten Verlauf, d.h. angeregte und anregende Diskussionsbeiträge.

1.4
Peter Schermer
Musisch-kulturelle Bildung in der beruflichen Bildung

Meine Damen und Herren,
Grußworte gehören zu den Aufgaben, die man häufig nur pflichtgemäß übernimmt. Und ich betrachte meinen Beitrag zu dieser Tagung als ein erweitertes Grußwort, wenn auch die Organisatoren der Veranstaltung so liebenswürdig waren, meine Ausführungen zu einem Referat hochzustufen. Entscheidend ist jedenfalls, daß ich wirklich sehr gerne zu diesem erweiterten Grußwort nach Offenbach gekommen bin.

Ein Grund dafür ist, daß ich bei aller Bescheidenheit - und Herr Spahn hat das auch schon angesprochen - ein bißchen dazu beigetragen habe, diesen Modellversuch überhaupt in Gang zu setzen. Natürlich sind auch viele andere beteiligt gewesen. Und natürlich brauchten wir auch zum Schluß die Zustimmung des Bundesministeriums für Bildung und Wissenschaft, das vorher sorgfältig geprüft hat, wie wir eben gehört haben. Während dieses Prüfungsprozesses mußten wir aber manchmal ein wenig mit ergänzenden Stellungnahmen nachhelfen, und daraufhin kam die sorgfältige Prüfung ja auch irgendwann zu einem positiven Ende. Gerade unter Berücksichtigung der Vorgeschichte fühle ich mich diesem Modellversuch sehr verbunden.

Der zweite Grund, warum ich heute gerne zu Ihnen spreche, ist daraus abzuleiten, daß ich schon vor Abschluß dieser Tagung aufgrund der schriftlichen und mündlichen Berichte zu der Meinung gekommen bin, dieser Modellversuch sei erfolgreich gewesen - und dazu noch in einem schwierigen Feld. Auch das wurde in den ersten Grußworten schon deutlich. Es ist ja nicht ganz selbstverständlich, in beruflichen Schulen musisch-kulturelle Angebote vorzusehen. Ich finde es deshalb außerordentlich bemerkenswert, daß dies hier in Offenbach gelungen ist.

Gerade deshalb müssen wir - das ist von Herrn Mohaupt ja eben mit Recht angemahnt worden - natürlich sehr intensiv darüber nachdenken, wie wir die Modellversuchsansätze fortführen können. Mit entsprechenden Überlegungen haben wir begonnen. Wie ich meine, auch mit positiven Vorzeichen. Nur als Hinweis: Sie wissen alle, daß wir uns in Hessen sehr um "Öffnung von Schule" bemühen;

und wenn dieser Modellversuch kein Beispiel für "Öffnung von Schule" ist, dann weiß ich nicht, welche anderen Beispiele man nennen sollte. Das Entscheidende bei diesem Thema ist, daß es dafür auch Mittel gibt, selbst bei knappen Kassen. Dies wäre zum Beispiel ein Ansatz, wie man hier weiterkommen könnte. Ich bin, wie Sie, Herr Mohaupt, der Meinung, daß ein so erfolgreicher Modellversuch nicht im Sande verlaufen darf. Ich habe auch bei Frau Ringwald herausgehört, daß man alles versuchen wird, die Arbeit weiterzuführen.

Der dritte Grund für mein Interesse ist, daß ich mich schon für musisch-kulturelle Bildung in beruflichen Schulen eingesetzt habe, als ich im Ministerium noch gar nicht für diesen Bereich zuständig war. Ich nutze deshalb jede Gelegenheit, auf die Bedeutung der musisch-kulturellen Bildung für die beruflichen Schulen hinzuweisen. Deshalb äußere ich mich heute auch vor Insidern in dieser Richtung, obwohl man die hier Anwesenden eigentlich nicht mehr überzeugen muß. Aber sie gehen ja auch hinaus in die Schulen und tragen dies weiter. Deshalb hoffe ich, daß Sie verstehen, wenn ich mich noch einmal nachhaltig dafür ausspreche, den Stellenwert musisch-kultureller Bildung in beruflichen Schulen zu erhöhen.

Die folgenden Argumente sollen meine Position unterstreichen. Es wurde schon darauf hingewiesen, daß es eine Bestandsaufnahme des Deutschen Kulturrates aus dem Jahre 1988 gibt, die für die beruflichen Schulen mit dem Ergebnis endet, daß musisch-kulturelle Bildung ein defizitärer Bereich ist. Nicht hier in Offenbach, wie wir wissen, und auch an ein paar anderen Stellen im Lande nicht. Aber im übrigen bleibt noch viel zu tun. Ich freue mich deshalb, daß sich am "Hessischen Institut für Bildungsplanung und Schulentwicklung", eine Arbeitsgruppe mit dem Thema "Musisch-kulturelle Bildung in beruflichen Schulen" beschäftigt hat, um die Vorausetzungen zu schaffen, daß dieses Pflänzchen an anderen Orten im Lande ebenfalls gedeihen kann. Aber ich bin mir auch im klaren, daß dies erste tastende Versuche sind und daß man noch viel tun muß, um eine landesweite Umsetzung zu erreichen.

Wenn man darüber nachdenkt, warum musisch-kulturelle Bildung in den beruflichen Schulen defizitär ist, dann kommt man zu einer Reihe von Aspekten, die hier eine Rolle spielen. Der erste ist wohl, daß viele Lehrerinnen und Lehrer in den beruflichen Schulen ihre Hauptaufgabe darin sehen, Fachwissen zu vermitteln. Dies ist ja auch sicher gut und richtig. Daran soll sich auch überhaupt nichts ändern. Daß aber, wenn die Möglichkeit besteht, eine Stunde zusätzlichen Unterricht für eine Berufsschulklasse vorzusehen, diese zusätzliche Stunde häufig wie selbstverständlich für Fachunterricht verwendet wird und nicht für andere Angebote, zum Beispiel zur musisch-kulturellen Bildung, halte ich für problematisch. Ich kann das auch mit einer meiner Lieblingszahlen belegen: Im statistischen Schnitt des Landes wird der berufsbezogene Unterricht in der Berufsschule mit 106 % erfüllt, also übererfüllt. Und dies, denke ich, beleuchtet die Situation. Aber ich weiß auch, daß es schwierig ist, an dieser Einstellung kurzfristig etwas zu ändern, und man sich auf einen mühsamen Prozeß des allmählichen Umdenkens einstellen muß.

Dazu will ich anmerken, daß der Schwerpunkt aller Bemühungen im Bereich beruflicher Schulen für mich bei der Teilzeit-Berufsschule liegt, weil sie nach wie vor die größte Gruppe aller Schüler und Schülerinnen umfaßt und das Kernstück beruflicher Schulen darstellt. Außerdem bin ich mir sicher, daß diejenigen von Ihnen, die sich darum bemühen, gerade hier etwas zu ändern, zunächst Schwierigkeiten haben werden und Unterstützung brauchen. Dazu kommt, daß im dualen System nicht nur die Berufsschule, sondern auch die betrieblichen Partner Innovationen mittragen müssen. Herr Spahn hat einige positive Beispiele genannt. So waren die erfolgversprechenden Wirtschaftsmodellversuche, die vor einigen Jahren im Bereich der musisch-kulturellen Bildung stattgefunden haben, wie der Name sagt, auf die Betriebe gerichtet. Diese Versuche sind aber, wie ich fürchte, dann folgenlos zu Ende gegangen.

Natürlich gibt es auf der betrieblichen Seite Befürworter musisch-kultureller Angebote, die deren positiven Wert für die berufliche Bildung betonen. Aber es gibt auch Kritiker, die dies anders sehen. Ich habe deshalb bei der Lektüre der Zwischenberichte des Modellversuchs mit Bedauern die Befürchtungen von Auszubildenden in der Verwaltung zur Kenntnis genommen, was denn ihre Ausbilder dazu sagen werden, wenn sie hören, daß in der Berufsschule musisch-kulturelle Bildung oder kulturelle Praxis betrieben wird und nicht der Fachunterricht im Mittelpunkt steht. Hier zeigt sich, daß auf allen Seiten der dualen Ausbildung eine skeptische Haltung anzutreffen ist, die es schwer macht, sich mit dem Gedanken anzufreunden, daß musisch-kulturelle Bildung künftig Bestandteil der Berufsausbildung sein soll.

Dies ist ein Aspekt, warum die Umsetzung von konzeptionellen Überlegungen so schwierig bleibt. Ein anderer ist darin zu sehen, daß die Lehrerinnen und Lehrer in den beruflichen Schulen im Regelfall nicht auf diesen Unterricht vorbereitet sind. Es mußte deshalb im Modellversuch ja auch so etwas wie schulinterne Lehrerfortbildung geleistet werden. Das heißt, von den Lehrerinnen und Lehrern vor Ort, die mit den Mitarbeitern und Mitarbeiterinnen der Jugendkunstschule kooperiert haben, ist dies als Gelegenheit gesehen worden, für ihre eigene Tätigkeit daraus Nutzen zu ziehen. Wenn deshalb die Frage gestellt wird, wie es insgesamt mit kultureller Praxis in beruflichen Schulen weitergehen soll, dann müssen wir uns ganz ausdrücklich und ganz intensiv auf die Lehrerfortbildung konzentrieren. Ich denke dabei an Lehrerfortbildung mit Werkstattcharakter, wie sie im Modellversuch praktiziert worden ist.

Daß kulturelle Praxis an den beruflichen Schulen nicht sehr verbreitet ist, hat sicher auch mit der Ausstattung der Schulen zu tun. In den Zwischenberichten zum Modellversuch ist auch immer wieder darauf hingewiesen worden, daß man kulturelle Praxis aus Gründen der Ausstattung nicht in den normalen Unterrichtsräumen betreiben kann und daß man auch wegen der entsprechenden Arbeitsatmosphäre einen anderen Raum aufsuchen sollte. Hier muß in den Schulen, die sich mit solchen Innovationen beschäftigen, noch eine Menge passieren. Dies sind aber letztlich schulinterne Entscheidungen, da es um Ausstattungsfragen, um Beschaffungsfragen geht. Das bedeutet, daß diejenigen, die der Meinung sind, musisch-kulturelle Bildung solle eine Rolle in beruflichen Schulen spielen, sich durchsetzen müssen, um dafür zu sorgen, daß die Ausstattung nicht der Engpaßbereich bleibt, an dem die Umsetzung scheitert.

Eine andere Voraussetzung, die sie im Modellversuch dadurch gelöst haben, daß sie die kulturelle Praxis im wesentlichen dem Fachunterricht zugeordnet haben oder auch den Fächern des allgemeinen Lernbereichs, zum Beispiel dem Deutschunterricht, haben wir mit der neuen Berufsschulverordnung gesichert. Sie wissen, daß wir mit dieser Berufsschulverordnung eine Stunde von den insgesamt zwölf Stunden Berufsschulunterricht dem Wahlpflichtunterricht zugeordnet haben. Damit besteht die Möglichkeit, unterschiedliche Angebote in den Unterricht einzubeziehen, zu denen auch die musisch-kulturelle Bildung gehört.

Und wenn Sie die Berufsschulverordnung genau gelesen haben, wissen Sie auch, daß man durch Kooperation mit anderen Fächern, die sich hier anbieten, zum Beispiel Deutsch, Religion und Politik, Stunden zusammenfassen kann. Außerdem haben wir eine Formulierung in die Verordnung aufgenommen, die es erlaubt, Stunden für Wahlpflichtangebote zu verwenden, wenn der Pflichtunterricht nicht in vollem Umfang erteilt werden kann.

An dieser Stelle könnte natürlich gefragt werden: "Warum sollen wir denn überhaupt in den Berufsschulen musisch-kulturelle Bildung betreiben?" Diese Frage ist ja auch schon in den anderen Grußworten angeklungen. Ich werde mich deshalb bemühen, einige Argumente zusammenzustellen, die in der Diskussion hilfreich sein könnten.

Zunächst ist dies ganz einfach ein Ausdruck der Gleichwertigkeit unterschiedlicher Bildungsgänge. Ich sehe überhaupt keinen Grund, warum berufliche Schulen in diesem Punkt anders - und aus meiner Sicht - schlechter gestellt sein sollen als alle anderen Schulen. Musisch-kulturelle Bildung gehört nun einmal zum Gesamtbildungsangebot und ist außerdem, wie Sie mit dem Leitthema dieser Tagung festgestellt haben, auch schön. Warum dieses Angebot einem großen Teil der Jugendlichen vorenthalten bleiben soll, kann und will mir daher nicht einleuchten. Außerdem ist auf eine gesetzliche Regelung hinzuweisen. Im § 39 des Hessischen Schulgesetzes, der sich mit der Berufsschule beschäftigt, steht ausdrücklich, daß die Berufsschule nicht nur fachliche Kenntnisse und Fähigkeiten vermitteln, sondern außerdem die allgemeine Bildung erweitern soll. Damit ist auch juristisch abgesichert, wenn's denn gebraucht wird, daß musisch-kulturelle Bildung oder kulturelle Praxis, je nachdem wie Sie wollen, in die Berufsschulen gehört.

Eine andere Überlegung geht davon aus, daß in der entsprechenden Rahmenvereinbarung der Kultusministerkonferenz aus dem Jahre 1991 als Aufgabe der Berufsschule, neben der Vermittlung fachlicher Kenntnisse und Fähigkeiten sowie der Erweiterung der allgemeinen Bildung auch ausdrücklich genannt wird, daß sie dazu beitragen soll, die Jugendlichen zu befähigen, bei der individuellen Lebensgestaltung verantwortungsbewußt zu handeln. Und hier sehe ich einen Zusammenhang zwischen kultureller Praxis, Medienerziehung und Freizeiterziehung. Das alles gehört für mich in einen Kontext.

Wenn Jugendliche verantwortlich handeln sollen, dann müssen sie, und das sagt zum Beispiel diese KMK-Vereinbarung, befähigt werden, in ihrer Freizeit ebenfalls verantwortungsbewußt handeln zu können. Wenn Freizeitnutzung heute - leider - in vielen Fällen passiven Medienkonsum bedeutet, und das gerade bei denen, die die Berufsschulen besuchen und zwangsläufig weniger Freizeit haben als die, die andere Schulen besuchen, dann ist die Betonung kultureller Praxis aus meiner Sicht auch ein Beitrag zur Erziehung zu einem verantwortungsbewußten Umgang mit der Freizeit. Damit wird unterstellt, daß diejenigen, die in der Schule mit musisch-kulturellen Angeboten zu tun haben, diese auch im Privatleben nutzen werden.

Hier ist außerdem ein Feld, in dem Jugendliche Erfolgserlebnisse haben können, die sie im Fachunterricht nicht immer haben werden, weil nämlich bei der kulturellen Praxis eben nicht nur intellektuelle Fähigkeiten eine Rolle spielen, sondern auch handwerkliche Fähigkeiten, Phantasie, Kreativität und Gestaltungsvermögen. Dazu kommt, daß in diesem Bereich viele Jugendliche gemeinsam bei Null anfangen. Deswegen meine ich, daß die musisch-kulturellen Inhalte in den beruflichen Schulen im Sinne der Persönlichkeitsstabilisierung auch aus erzieherischen Gründen eine Rolle spielen sollten.

Bisher habe ich nichts über den Berufsbezug musisch-kultureller Bildung gesagt, obwohl es doch um berufliche Schulen geht. Deshalb will ich noch drei Überlegungen ansprechen, aus denen sich ein Berufsbezug ableiten läßt. Zunächst gibt es handwerkliche Berufe, bei denen auch ästhetische Aspekte eine Rolle spielen sollten. Ich denke zum Beispiel an die Tischler, an die Friseure und Friseusen - aber auch an die Floristen und Gärtner. Hier geht es um ästhetische Bildung, um Geschmacksbildung und um die Entwicklung der Fähigkeit, andere zu beraten. Und nicht nur beim Handwerk, auch bei den Werbekaufleuten - war ja auch in dem Modellversuch ein Ansatz - oder bei vielen Einzelhandelskaufleuten, die Kunden in Geschmacksfragen beraten sollen, sehe ich einen Berufsbezug.

Eine andere Art des Berufsbezugs wurde in dem Modellversuch "KUBUS - Kultur, Beruf, Schule" des Landes Nordrhein-Westfalen hergestellt, über den man wahrscheinlich trefflich streiten kann. Dort ist man davon ausgegangen, daß Jugendliche, die zum Beispiel als Verkäuferin oder Verkäufer mit bestimmten Waren zu tun haben, ihr Verständnis für das, was sie da verkaufen, dadurch verbessern könnte, daß man diese Jugendlichen handwerklich, kunsthandwerklich tätig werden läßt. Als Beispiel dafür seien genannt: Polsterer oder Verkäuferinnen und Verkäufer von Textilien läßt man weben und damit erfahren, daß das, was sie als Ergebnis maschineller Fertigung verkaufen, eine bestimmte Grundstruktur hat und bestimmte Fähigkeiten voraussetzt, wenn man es handwerklich herstellen würde. Ein anderes Beispiel, das im Modellversuch KUBUS erprobt wurde: Verkäuferinnen und Verkäufer, die Schmuck verkaufen, läßt man selbst Modeschmuck herstellen. Hierbei wird angenommen, daß damit ein anderes Verhältnis zu diesen Waren entwickelt werden kann. Ich gebe zu, daß es hier schon etwas schwieriger ist, den direkten Berufsbezug zu erkennen.

Dann gibt es noch eine aus meiner Sicht sehr kühne Variante, die behauptet, Berufsausbildung und musisch-kulturelle Bildung oder kulturelle Praxis seien in Teilbereichen identisch. Dafür bemüht man folgende Argumentationsschiene: Es geht heute nicht nur darum, fachliche Fähigkeiten und Fertigkeiten zu erlernen; die Jugendlichen müssen vielmehr in offenen Situationen mit Problemen fertig werden. Gestaltungsfähigkeit als Kompetenz, gestalten zu können, muß nach gesicherter Überzeugung aber sowohl in der beruflichen Bildung vermittelt werden als auch in der musisch-kulturellen Bildung. Deshalb gibt es eine Überlegung, die davon ausgeht, daß es gleichgültig ist, ob man Gestaltungsfähigkeit - die einzelnen Komponenten Kreativität, Phantasie, Flexibilität sind schon genannt worden - über berufliche Bildung oder über musisch-kulturelle Bildung erwirbt. Hauptsache ist, daß diese Fähigkeit in einem dieser Bereiche entwickelt wird. Ob der Transfer dann wirklich funktioniert, darüber kann man sicher streiten. Jedenfalls wird über diesen Ansatz eine enge Verbindung von kultureller Praxis und beruflicher Bildung hergestellt.

In einem sehr lesenswerten Aufsatz von Herrn Rupp, einem hessischen Lehrer, habe ich im übrigen viele Beispiele für kulturelle Praxis in den beruflichen Schulen gefunden. In diesem Aufsatz wird auch darauf hingewiesen, daß vorstellbar sei, ästhetische Bildung als Unterrichtsprinzip zu verstehen. Nun habe ich gewisse Probleme, und manche von Ihnen wahrscheinlich auch, mit dem Begriff Unterrichtsprinzip, wenn er lediglich Alibifunktion hat. Aber ich denke, wie das in dem von mir zitierten Aufsatz entfaltet worden ist, in dem vorgeschlagen wird, den Unterricht auch unter ästhetischen Prinzipien zu sehen, hat die Verwendung dieses Begriffs einen anderen Stellenwert. Das fängt zum Beispiel mit dem Tafelanschrieb an und geht weiter über Unterrichtsmaterialien, die die Schüler und Schülerinnen in die Hände bekommen, bis hin zu Feiern und Festen in der Schule.

Man kann sich auch vorstellen, daß man im Fachunterricht nicht nur die Funktionen des elektrischen Schalters erklärt, sondern außerdem das Design anspricht. Ähnliches ist auch bei der Behandlung von Autokarosserien möglich. Da muß man nicht nur die Windschlüpfrigkeit erörtern, sondern man kann auch das Design der Karosserien in die Betrachtungen einbeziehen. Über diesen Umweg, ästhetische Bildung als Unterrichtsprinzip zu verstehen, gibt es damit weitere Möglichkeiten für die Berufsschule. Dies wäre für mich zumindest eine ergänzende Sicht der Dinge, die dazu führen kann, die Aufgeschlossenheit für kulturelle Praxis in beruflichen Schulen zu erhöhen.

Ich habe über die Schwierigkeiten gesprochen, musisch-kulturelle Bildung in das Unterrichtsangebot beruflicher Schulen einzubeziehen, und über die Gründe, die aus meiner Sicht dafür sprechen, diese Bemühungen zu intensivieren. Und deswegen möchte ich zum Schluß noch einmal sehr herzlich allen danken, die diesen Modellversuch zu einem, wie ich finde, erfolgreichen Ende geführt haben. Ich bin mir bewußt, daß es nicht immer ganz einfach war, vor Ort umzusetzen, was Sie vorhatten. Ich hoffe sehr, daß wir einen Weg finden werden, um dies wenigstens in begrenztem Umfang fortzuführen. Aber ich bitte Sie auch alle, wo immer Sie dazu beitragen können, dieses Pflänzlein "Musisch-kulturelle Inhalte in den beruflichen Schulen" weiter zu fördern. Das wird ein mühsamer Prozeß sein, darüber bin ich mir völlig im klaren. Es kann aber nur dann zum Erfolg führen, wenn jeder an seiner Stelle dazu beiträgt. Und dieser Modellversuch war ein ganz wichtiger Schritt auf diesem Wege.

Zwischenfrage aus dem Publikum.

Schermer:
"Natürlich widerspreche ich Ihnen garnicht. Was ich gemacht habe, Sie haben es doch gemerkt, ich habe doch gar nicht gewertet. Ich habe mal das, was mir beim Lesen und beim Nachdenken eingefallen ist, mehr beim Lesen, aufgefallen ist, hier einmal zusammengestellt. Und ich habe für alle, die so oder so argumentieren, versucht, Argumente zu liefern. Also, wenn Sie mich direkt fragen, ich brauche diesen mühsamen Berufsbezug nicht dafür. Ich stehe zu dem, was ich zuerst gesagt habe, daß ich aus Gründen der Gleichbehandlung von allen Jugendlichen der Meinung bin, daß das auch

in die beruflichen Schulen gehört. Aber Sie wissen doch, welche Überzeugungsarbeit das in den Schulen bedeutet, wenn welche sagen: "Aber das hat ja überhaupt nichts mit beruflicher Bildung zu tun!" Dann kann man auf die verschiedenen Argumente hinweisen, und ich denke, da muß man in der Tat auch ein bißchen dranbleiben, daß dieser Berufsbezug schon eine Rolle spielen könnte".

Zwischenfrage aus dem Publikum.

Schermer:
"Das ist ein Angebot und Sie können daraus auswählen. Ich sage noch einmal, ich sehe es so ähnlich wie Sie, aber ich bin da, glaube ich, nicht mit so vielen anderen auf einer Linie, die mit beruflicher Bildung zu tun haben. Um es einmal vorsichtig zu formulieren."

Zwischenfrage aus dem Publikum.

Schermer:
"Ich kann nur noch einmal feststellen, daß ich mich darum bemühen werde, das weiter zu befördern, auch als Gedanken in der Lehrerfortbildung. Sie wissen ja genau, wie die bei uns organisiert ist. Das wäre vor allem eine Aufgabe für die regionale Lehrerfortbildung und da muß jeder an seinem Ort dafür sorgen, daß entsprechende Angebote gemacht werden. Aber was wir von oben her, um es mal so zu sagen, tun können, das will ich natürlich tun. Wir werden schon denen, die bei uns im Hause zuständig sind für solche Fragen, auch noch einmal deutlich machen, daß dies ein Gebiet ist, das für uns stärker als vielleicht in der Vergangenheit doch eine Rolle spielen sollte in der Lehrerfortbildung. Die Unterstützung kann ich Ihnen da zusagen, aber was daraus gemacht wird, muß man wirklich dann vor Ort sehen."

Zwischenfrage aus dem Publikum.

Schermer:
"Ich bin mir durchaus der Schwierigkeiten bewußt, die diejenigen haben, die sich darum bemühen musisch-kulturelle Angebote in den Schulen unterzubringen. Wir haben nun aber durch die neue Berufsschulverordnung die Möglichkeit eröffnet, damit niemand mehr ein schlechtes Gewissen haben muß, wenn er musisch-kulturelle Bildung

macht. Diese muß aber vor Ort durchgesetzt werden. Sie haben das noch einmal gesagt, habe ich auch gesagt, das ist wirklich eine Frage einer allmählichen Bewußtseinsveränderung. Das dauert noch ein paar Tage, da kann man eben nur beharrlich daran arbeiten. Das kann man auch nicht durch Erlasse von Oben verfügen. Bewußtseinsveränderung geht noch nicht auf diese Art und Weise, sondern da muß man wirklich an vielen Stellen dran tätig werden. Ich baue auch ein bißchen darauf, wenn wir, was wir über das HIBS vorhaben, eine Broschüre zur musisch-kulturellen Bildung in der Berufsschule rausbringen, das dann wieder so ein Baustein ist, der die Diskussion befördern kann und wir müssen wirklich an vielen Stellen daran arbeiten, daß das Bewußtsein sich hier allmählich verändert.

Was Sie noch angesprochen haben, das will ich gerne aufgreifen, daß wir auch im Unterausschuß 'Berufliche Bildung' der KMK auch über dieses Thema sprechen. Das hat bisher, wie ich freiwillig bekennen kann, keine Rolle gespielt, aber das kann man ja einmal reinbefördern. Dann kann man auch einmal hören, vielleicht passiert ja auch in anderen Ländern mehr, als man ahnt. Man kann sich austauschen und auch darüber wieder Anregungen weitervermitteln."

Zwischenfrage aus dem Publikum.

Schermer:
"Erstens haben wir zu der Frage der Finanzierung schon einmal ein Vorgespräch mit Herrn Dr. Spahn und Herrn Scheuerer gehabt und da haben wir das auch so erörtert. Den, wie ich denke, für Sie ja hoffentlichen Vorteil bei der Verteilung dieser Mittel für 'Öffnung von Schule' ist, daß diese regional verteilt werden. Die werden, was auch sinnvoll ist, nicht zentral vom Ministerium vergeben, jedenfalls nicht im Detail, sondern sie werden vor Ort verteilt. Man muß sich also vor Ort darum bemühen, Mittel dafür bereit zu stellen. Das ist wieder die berühmte Prioritätenabschätzung. Aber das ist wirklich etwas, was hier dann entschieden werden muß. Ich könnte mir eigentlich vorstellen, da das durch Herrn Scholz ja schon gesagt wurde, daß man der Sache durchaus positiv gegenüber stand. Daß man da positive Zeichen erkennen könnte. Aber das muß man wirklich aushandeln."

2 Der Modellversuch im Überblick

Stefan Scheuerer
Förderung musisch-kultureller Angebote in der beruflichen Bildung.
Ein Bericht über den Modellversuch der Jugendkunstschule Offenbach[1]

2.1 Historischer Bezug

Ich möchte kurz den historischen Zusammenhang aufzeigen, in dem der Modellversuch, der durch das Bundesministerium für Bildung und Wissenschaft und das Hessische Kultusministerium gefördert wurde, zu sehen ist.

In Ergänzung zum Bildungsgesamtplan von 1973 wurde auf Betreiben der kulturellen Verbände und Organisationen 1977 der Ergänzungsplan "Musisch-kulturelle Bildung" von der Bund-Länder-Kommission für Bildungsplanung und Forschungsförderung verabschiedet. Damals wurde musisch-kulturelle Bildung folgendermaßen definiert:

> "Musisch-kulturelle Bildung weckt schöpferische Fähigkeiten und Kräfte des Menschen im intellektuellen und emotionalen Bereich und stellt Wechselbeziehungen zwischen diesen Fähigkeiten und Kräften her. Sie spricht alle Menschen, in jedem Alter, in jeder Schicht, gesund, behindert oder krank, an. Sie ist selbst da noch wirksam, wo menschliche Sprache versagt. Insbesondere will musisch-kulturelle Bildung den einzelnen und den einzelnen in der Gemeinschaft
>
> - zu einer differenzierten Wahrnehmung der Umwelt anregen und sein Beurteilungsvermögen für künstlerische oder andere ästhetische Erscheinungsformen des Alltags fördern. Dies gilt sowohl gegenüber Kunstwerken wie auch gegenüber Formen der Werbung, der Industrieproduktion, der Mode, der Unterhaltungsmusik, der Trivialliteratur und der Medienprogramme, deren spezifischer Eigenwert zu erkennen ist.
>
> - zu eigen- und zu nachschöpferischen Tätigkeiten hinführen. Diese Tätigkeiten tragen zur Entfaltung von Begabungen, Neigungen und Fähigkeiten bei und vermitteln Befriedigung und Freude am Tun, fördern kommunikative Verhaltensweisen und erleichtern soziale Bindungen. Voraussetzung hierfür ist das Erlernen künstlerischen Ausdrucks durch Stimme, Mimik und Gestik des Menschen sowie durch Instrumente und Materialien.

- in seiner intellektuellen Bildung vervollständigen. Die Angebote musisch-kultureller Bildung und intellektueller Bildung ergänzen einander. So setzt musisch-kulturelle Tätigkeit Einüben und Können von Techniken voraus; intellektuelle Bildung wird durch musisch-kulturelle Inhalte und Methoden vertieft.

- in seiner Persönlichkeitsbildung und -entfaltung fördern, ihn harmonisieren und zur Selbstverwirklichung führen. Des weiteren hat musisch-kulturelle Bildung über ihre anthropologische und pädagogische Bedeutung hinaus einen besonderen heilpädagogisch-therapeutischen Wert (...)" (BLK 1977 zit. n. Oehrens 1993, S.29f.).

Die genannten Inhalte haben sich über die Jahre erhalten, sie sind aktuell geblieben und in der Regel nur durch andere Etiketten versehen worden, auch mit unterschiedlichen Gewichtungen. Heute wird meistens von "Kultureller Bildung" gesprochen, also ein sehr weit gefaßter Begriff, dessen erziehungswissenschaftliche Aufarbeitung die "Kulturpädagogik" oder "Außerschuliche Kunstpädagogik" wahrnimmt.

Der Offenbacher Modellversuch reiht sich in eine Vielzahl von Modellversuchen ein, die seit Ende der 70er Jahre vom Bundesministerium für Bildung und Wissenschaft gefördert wurden - wie wir auch schon von Herrn Mohaupt gehört haben: z. B. "Künstler und Schüler" (1980), "Künstler und Lehrlinge" (1979), "Künstler und Kulturarbeit" (1976-81) und in jüngster Vergangenheit "Schule für Kunst und Theater" (1990-93), Neuss, "KäBiS" (1990-93) und "Kubus" (1990-93) in Nordrhein-Westfalen oder "Kumulus" (1991-94) in Bremerhaven und Rostock. Die Häufung der Modellversuche in den letzten Jahren läßt sich auch auf den Beschluß der Bund-Länder-Kommission vom 27.4.1987 zur Einrichtung des Förderschwerpunktes "Musisch-kulturelle Bildung" zurückführen. Dort heißt es unter anderem: "Allen Bildungsbereichen kommt die Aufgabe zu, musisch-kulturelle Fähigkeiten zu entwickeln. (...) Gerade bei der Entwicklung gestalterischer Fähigkeiten hat es sich schon heute bewährt, daß Bildungseinrichtungen mit ihrem Umfeld zusammenarbeiten. Sie sollten sich künftig noch mehr öffnen für die Kooperation mit außerschulischen Institutionen des musisch-kulturellen Bereichs, mit Künstlern, Kritikern und Medienfachleuten." (BMBW 1988, S.101).

In ihrer Antwort auf die Große Anfrage "Kulturelle Bildung" der SPD-Fraktion schreibt die Bundesregierung am 13.8.1993:

"Die Gründe und Ursachen für das 'Neue Interesse an der Kultur' sind vielfältig und werden in der Gesellschaft durchaus kontrovers diskutiert. Allen Auffassungen gemeinsam ist aber die Hoffnung, daß das in Kunst und Kultur vermutete Potential einen Beitrag zur Bewältigung der Zukunftsaufgaben leisten kann. (S.2) (...) Von grundlegender Bedeutung für die weitere Entwicklung der kulturellen Bildungspolitik ist eine hinreichende Klärung der Frage, welchen Stellenwert kulturelle und ästhetische Bildung mit ihren ganz besonderen Chancen für Persönlichkeitsbildung und Weltverständnis im Rahmen der allgemeinen Bildung haben. Die verschiedenen, gleichermaßen notwendigen und untrennbaren Elemente allgemeiner Bildung, d.h. vor allem die kognitiven, ästhetischen, ethischen und sozialen Elemente, stehen häufig unverbunden und ungleichgewichtig nebeneinander. Die Bundesregierung beabsichtigt, diese Frage - gemeinsam mit den Ländern und den Fachverbänden - weiter zu erörtern und die zur Klärung geeigneten Schritte zu unternehmen." (Kulturelle Bildung 1990, S.5).

Zu vergessen sind auch nicht die bereits erwähnten Wirtschaftsmodellversuche, die z. B. bei Ford in Köln in der Lehrlingsausbildung (1983-84) stattfanden oder bei Mannesmann (1979) oder Philips in Wetzlar (1983) (vgl. M. Brater 1985 u. 1989). Letztgenannte Versuche, künstlerische Gestaltungstechniken oder Methoden in die Lehrlingsausbildung zu integrieren, stehen ebenfalls in einer historischen Linie, z.B. bei der Maschinenfabrik Voith in Heidenheim seit den 50er Jahren, bei Babcock in Krefeld seit 1961 oder bei WMF in Geislingen (1977). Im "Heidenheimer Kreis" hatten sich bereits in den 50er Jahren mehrere Ausbildungsbetriebe zusammengeschlossen, um über die Möglichkeiten, künstlerische Lerninhalte in die Lehrlingsausbildung zu integrieren, zu diskutieren und sich in ihren Erfahrungen damit auszutauschen (Höller 1984, S.73ff.).

Erwähnt worden ist auch schon die "Konzeption Kulturelle Bildung" des Deutschen Kulturrats von 1988, die ein wichtiges Fundament für den Antrag unseres Modellversuchs darstellte, da sie eine Bestandsaufnahme aus allen kulturellen Bereichen in den alten Bundesländern aufnimmt. Im Analyseteil zur beruflichen Bildung wird festgestellt, daß dort bisher kaum musisch-kulturelle Angebote aufgrund der spezifischen Ausbildungssituation stattfinden oder überhaupt ins Blickfeld genommen werden. Die "Konzeption" wurde im Herbst 1993 u.a. durch die Wiedervereinigung gründlich revidiert.

Eine Ausnahme ist z.B. das Modell der Hiberniaschule, das auf anthroposophischer Grundlage basiert und bereits seit 1952 eine berufliche Ausbildung mit einer allgemeinen-ganzheitlichen Bildung verbindet. Im Laufe der Jahre veränderte sich das Modell zunehmend bis 1971 die Hiberniaschule eine Gesamtschule wurde, die als Alternative zum Kollegschulenmodell zu sehen ist. Sie bietet einen anerkannten beruflichen Abschluß und den mittleren Schulabschluß sowie die Möglichkeit, die Fachhochschulreife oder auch die allgemeine Hochschulreife, je nachdem, ob 12 oder 13 Schuljahre besucht werden, zu erwerben.[2]

2.2 Die Jugendkunstschule

Die Jugendkunstschulen, die seit 1969 in wachsender Zahl gegründet worden sind, reihen sich ebenfalls in die Linie der Modellversuche ein. 1975 - 78 führten fünf Jugendkunstschulen in Nordrhein-Westfalen einen Versuch durch, ein Modell sozialer Kulturarbeit in ihren Einrichtungen zu entwickeln (Erhart u.a. 1980).

Die Jugendkunstschulen sind Einrichtungen der außerschulischen Kinder- und Jugendbildung in Ergänzung zu den allgemeinbildenden Schulen. Sie streben nicht eine ausschließlich künstlerische Ausbildung für Begabte an, vergleichbar vielleicht den Jugendmusikschulen, sondern sie beziehen häufig in ihr fächerübergreifendes und polymaterielles Arbeiten auch das soziale Lernen und allgemeinpädagogische Ziele ein oder z. B. auch in die Richtung der "Zukunftswerkstätten".[3]

2.3 Statistischer Überblick über den Modellversuch

Zur Darlegung des Umfanges des Modellversuchs folgen einige charakterisierende Beschreibungen der beteiligten Personengruppen und statistische Angaben, die durch Diagramme und Tabellen verdeutlicht werden sollen. Da diese einen schnelleren Überblick verschaffen als ein ausformulierter Text, beschränke ich mich auf kurze Kommentare zu den Abbildungen.

Die Laufzeit des Modellversuchs war vom 1.7.1991 bis zum 15.1.1995, wovon etwa sechs Monate als Vor- und Nachbereitungsphase von der Praxisphase in den Berufsschulen abzuziehen sind.

2.3.1 Die drei Berufsschulen

An dem Modellversuch haben drei Berufsschulen teilgenommen:
- die August-Bebel-Schule, eine gewerblich-technische Berufsschule (ABS gew);
- die Käthe-Kollwitz-Schule, eine hauswirtschaftlich-pflegerische-

sozialpädagogische Berufsschule (KKS BS soz), zu der auch die Fachschule für Sozialpädagogik (FSS) gehört, die ErzieherInnen ausbildet;
- die Theodor-Heuss-Schule, eine kaufmännisch-verwaltende Berufsschule (THS kfm).

2.3.1.1 August-Bebel-Schule

Die August-Bebel-Schule vereint unter ihrem Dach folgende Ausbildungszweige: Berufsschule, Berufsfachschule, Fachschule und Fachoberschule des gewerblich-technischen Bereichs (Elektro/Metall, Farbtechnik und Raumgestaltung, Lederverarbeitende Berufe). Die Schule wird etwa von 2500 Schülern besucht. Das Einzugsgebiet umfaßt den Landkreis Offenbach und das Stadtgebiet.

2.3.1.2 Käthe-Kollwitz-Schule

Die KKS beherbergt verschiedene Schultypen aus dem hauswirtschaftl.-pfleger.-sozialpädagog. Bereich. Hierzu gehören u.a. auch die EBA- und BVJ-Klassen der BS, die Fachschule für Sozialpädagogik, die der ErzieherInnen-Ausbildung für Kindergärten und Horte dient, die Fachoberschule Sozialwesen, die Berufsschule für Körperpflege (Friseure) und die Berufsfachschule für Textil- und Bekleidungstechnik (Damenschneider) sowie eine entsprechende Fachoberschule Textil. Entsprechend unterschiedlich stellt sich die Sozialstruktur der SchülerInnen dar.

Die KKS wird im Schuljahr etwa von 800 Schülern und Schülerinnen besucht. Davon sind 80 % weiblich. Der AusländerInnenanteil beträgt 34 %. In den klassischen Frauenberufen Erzieherinnen, Friseusen, Schneiderinnen steigt der Frauenanteil auf etwa 90 %. Das Einzugsgebiet erstreckt sich auf Stadt und Kreis Offenbach und für die Fachschule für Sozialpädagogik auch auf den Main-Kinzig-Kreis. Das Lehrerkollegium besteht aus 63 Personen, davon beteiligten sich 13 (= ca. 20 %) am MV.

2.3.1.3 Theodor-Heuss-Schule

Die THS wird etwa von 2000 Schülern im Schuljahr besucht, die sich über verschiedene Schulformen (Berufl. Gymnasium, Fachoberschule, Fachschule) des kaufmännisch-verwaltenden Berufsbereichs verteilen. Der Anteil der Schülerinnen gegenüber Schülern beträgt

71 % zu 29 %. Die ausländischen SchülerInnen sind zu 26 % vertreten. In den Klassen des Berufsvorbereitungs- und Berufsgrundbildungsjahres steigt ihr Anteil jedoch auf 81 % und das Verhältnis von Schülerinnen zu Schülern verschiebt sich auf 48 % zu 52%. Vollzeitunterricht besuchen 27 % (506) der SchülerInnen. Hier stehen 41 % Schüler 59 % SchülerInnen gegenüber. Im Teilzeitbereich verschiebt sich das Verhältnis Schüler (24 %) zu Schülerinnen (76 %) noch weiter auf die weibliche Besucherseite. Erklärbar ist dies durch die Ausbildungsberufe für die Verwaltungen, die Industrie und das Rechtswesen, die vorwiegend durch weibliche Arbeitskräfte abgedeckt werden. Der Gesamtschülerzahl stehen 96 Lehrkräfte gegenüber. Die musisch-kulturellen Angebote haben 5 LehrerInnen (ca. 5 %) und 76 SchülerInnen (ca. 4 %) im WS 1993/94 in Anspruch genommen. Das Einzugsgebiet umfaßt Stadt und Kreis Offenbach.

2.3.2 Die Schulformen und Klassen

Wie sich die verschiedenen Schulformen und Klassen auf die einzelnen Berufsschulen verteilen, kann der Tabelle 1 entnommen werden. Aus der Abbildung 1 kann ersehen werden, wo diese (schraffierte Flächen) im Feld der beruflichen Bildung angesiedelt sind. So verwirrend wie diese Abbildung zunächst aussieht, so kompliziert stellt sich das Feld der beruflichen Bildung ansatzweise grafisch dar.

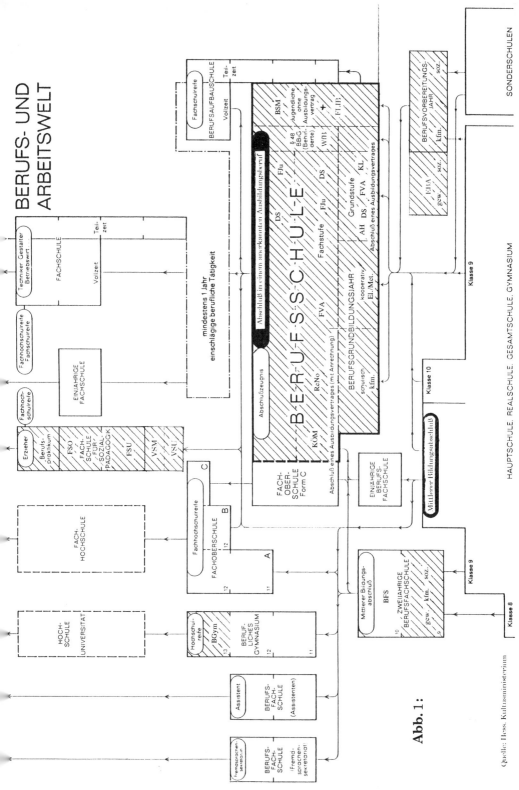

Abb. 1:

Tab. 1: Verteilung der Schulformen/Klassen auf die beteiligten Berufsschulen

	August-Bebel-Schule$_{gew}$		Käthe-Kollwitz-Schule				Theodor-Heuss-Schule$_{kfm}$	
			BS$_{soz}$		FSS			
Schulformen/Klassen	BGJ	3	BVJ	7	FSU	12	BVJ	5
	KL	1	EBA	6	FSO	10	FJu	4
	EBA	1	WfB	6	VSU	4	AH	3
	BFS	1	BFS	3	VSM	4	BGJ	3
			DS	4	BP	3	FVA	3
			KÖM	2			ReNo	3
			BSM	1			BGym	2
							FLIB	2
							BFS	1
Klassen$_{ges}$	6		29		33		26	n = 94
Schulformen	4		7		3		9	n = 23
Schüler$_{ges}$	103		427		421		401	n = 1352

2.3.3 Die BerufsschülerInnen

Nachfolgend wird versucht, die verschiedenen Schülerpopulationen kurz zu charakterisieren.

2.3.3.1 August-Bebel-Schule
2.3.3.1.1 Kfz-Lackierer (KL)

Die Klasse setzt sich aus deutschen und ausländischen Schülern zusammen. Letztere beherrschen z. T. die deutsche Sprache nur in geringem Maße. Es handelt sich um Teilzeitschüler, die in verschiedenen Kfz-Betrieben einen Ausbildungsplatz gefunden haben, und einen Tag in der Woche die BS besuchen. Im ersten Lehrjahr werden die Auszubildenden mit den Techniken und Materialien des Schleifens vertraut gemacht. In der Berufsschule stehen vor allem fachtheoretische und allgemeinbildende Fächer im Mittelpunkt. Durch Lehrer- und Raummangel verringern sich zunehmend fachpraktische Übungsanteile in der Schule zugunsten theoretischer Vermittlungsformen.

Die Schüler sind als lernwillig zu bezeichnen und führen die Arbeitsaufträge des Lehrers aus, wobei öfter auf die entsprechende Sorgfalt der Ausführung durch den Lehrer hingewiesen werden muß.

Die Konzentrationsfähigkeit und Aufnahmebereitschaft der Schüler erschöpft sich relativ schnell, so daß häufig Pausen im Arbeitsablauf durch die Schüler eingelegt werden. Zu den Hauptaufgaben des Lehrers gehört es deshalb, die Schüler immer wieder zu motivieren und die Antriebsarmut zu überwinden. Das hat zur Folge, daß Arbeitsabläufe relativ lange Zeit beanspruchen. Dies führt dazu, daß das Interesse an der Aufgabe stetig sinkt, weil die Fortschritte am Arbeitsprodukt zu gering sind, um einen neuen Motivationsschub auszulösen. Diese Persönlichkeitsstruktur der Schüler hat auch zur Folge, daß umfangreichere Aufgaben bedachtsam gewählt werden müssen, um sie im zeitlichen Rahmen des Unterrichts vollenden zu können.

2.3.3.1.2 Eingliederungslehrgang in die Berufs- und Arbeitswelt (EBA)

Der EBA ist eine vollzeitschulische Fördermaßnahme für junge Aussiedler, Ausländer und anerkannte Asylberechtigte, die ihre gesetzliche Vollzeitschulpflicht erfüllt haben. Durch projekt- und handlungsorientierten Unterricht sollen die deutsche Sprache, Kulturtechniken und berufsnahe Kenntnisse theoretisch wie praktisch vermittelt werden. Fachpraktische Projekte (z. B. PC-Tisch mit abschließbarem Kasten) dienen dazu, daß die Schüler nicht nur Arbeitsabläufe oder Fertigkeiten erwerben, die aus dem Anwendungszusammenhang losgelöste Übungen darstellen, sondern durch das Erlernen bestimmter Handlungsabläufe schließlich ein in sich abgeschlossenes Produkt herstellen. Ein Vorteil bei der Herstellung eines Produktes stellt z.B. die größere Motivation der Schüler (und Lehrer) dar.

Obwohl die Schüler aus verschiedenen Staaten stammen, gibt es keine offenen Nationalitätenkonflikte wie in vergleichbaren Klassen in den beiden anderen Schulen. Da die Schüler auch aus unterschiedlichen sozialen Schichten (Arbeiter- bis Arztfamilie) stammen, gibt es ein Gefälle in den intellektuellen Fähigkeiten, der Arbeitshaltung und der Ausführung der Aufgaben.

2.3.3.1.3 Berufsgrundbildungsjahr (BGJ Elektro/Metall)

Das BGJ vermittelt eine berufliche Grundbildung auf Berufsfeldbreite und dient Hauptschülern mit oder ohne Abschluß als Orientierungsphase für die Wahl des Ausbildungsberufes. Durch den erfolgreichen Abschluß des BGJ können die Schüler den Hauptschulabschluß erwerben. Am MV nahmen zwei Parallelklassen teil. Die Klasssen besuchen in der vollzeitschulischen Form die BS. Sie setzen sich aus deutschen und ausländischen Schülern zusammen. Das soziale Verhalten wird durch mehrere Untergruppen und deren Wortführer bestimmt. Zum Teil handelt es sich um offene Machtkämpfe, die vorwiegend auf der verbalen Ebene mit sehr persönlichen Angriffen oder Anspielungen stattfinden. Die Ausdauer und Konzentrationsfähigkeit ist bei einem Teil der Schüler wenig ausgeprägt. Das Interesse an etwas Neuem, Ungewohntem und die Bereitschaft sich dafür zu öffnen, konzentrierte sich etwa auf ein Viertel der einen Klasse. Die Parallelklasse verhielt sich insgesamt aufgeschlossener und homogener.

Die Einstellung gegenüber der Schule, dem Lernen an sich und Autoritäten ist eher ablehnend. Trotzdem scheint die Einsicht vorhanden zu sein, daß das Erlernen eines "Brotberufes" sinnvoll ist.

2.3.3.2 Käthe-Kollwitz-Schule
2.3.3.2.1 Berufsvorbereitungsjahr (BVJ soz)

In den BVJ-Klassen befinden sich vorwiegend Mädchen (94 %), die noch nicht die Pflichtschulzeit erfüllt haben oder keinen Hauptschulabschluß (88 %) besitzen. Einige dieser Schülerinnen werden, wenn sie eine Lehrstelle finden, weiter eine berufsqualifizierende Berufsschule (vorwiegend BS für Schneider, BS für Friseure) oder als angelernte Arbeiterinnen oder Gelegenheitsarbeiterinnen die BS des hauswirtschaftlich-sozialpädagogischen Bereichs (ohne Abschluß) besuchen. Der Anteil der ausländischen Schülerinnen beträgt 50 %. Sie entstammen sozial intakten Familien. Ihr Verhalten läßt sich als eher zurückhaltend und höflich beschreiben. Sie kümmern sich auch um sozial Schwächere. Die Jugendlichen entstammen den unteren sozialen Schichten. Die deutschen SchülerInnen entstammen sozial schwierigen Verhältnissen, was sich z. B. in ihrem auffälligen Gruppenverhalten widerspiegelt.

2.3.3.2.2 Vorpraktikantinnen für die Fachschule für
        Sozialpädagogik (VSU, VSM)

Zugangsvoraussetzung für die Fachschule für Sozialpädagogik sind der Mittlere Bildungsabschluß und eine zweijährige berufliche

Ausbildung, Tätigkeit oder Praktika. Die SchülerInnen sind PraktikantInnen in sozialpädagogischen Einrichtungen, meist Kindergärten oder Horte, im ersten oder zweiten Praktikumsjahr, die als TeilzeitschülerInnen die Berufsschule besuchen. Sie sind als still, fleißig und aufmerksam zu charakterisieren. Mit Interesse und Freude nehmen sie an den MV-Angeboten teil, deren fachkompetente Kursleiterinnen sie schätzen.

2.3.3.2.3 Fachschule für Sozialpädagogik (FSS, FSU, FSO)

Die SchülerInnen der Fachschule für Sozialpädagogik kommen aus Stadt und Landkreis Offenbach und dem angrenzenden Main-Kinzig-Kreis. Es sind fast ausschließlich Deutsche. Sie gliedern sich in zwei Altersgruppen, etwa 18 - 20 Jahre und 25 - 30 Jahre (und älter). Für die Jüngeren ist die Fachschule nach dem Realschulabschluß (Mittlerer Bildungsabschluß) oder dem Abitur (24 %) die berufliche Erstausbildung, die Älteren haben in der Regel schon eine abgeschlossene Berufsausbildung, vorwiegend im kaufmännisch-verwaltenden Bereich, und haben bereits einige Jahre in ihrem Beruf gearbeitet. Den Wechsel in einen sozialen Beruf begründet die Mehrzahl der Befragten damit, daß sie mit Menschen beruflich zu tun haben möchten anstelle einer reinen ("monotonen") Schreibtischarbeit. Ein kleiner Teil der Studierenden hat eine eigene Familie mit Kindern. Beide Altersgruppen sind als sehr motiviert und am Unterrichtsgeschehen interessiert zu bezeichnen. Sie erledigen im Rahmen ihrer zeitlichen Möglichkeiten auch freiwillig zuhause Aufgaben aus den musischen Fächern, da die vorgesehene Unterrichtszeit in der Regel nicht ausreichend ist, um umfangreichere Werkarbeiten fertigzustellen. In der Regel arbeiten sie konzentriert und still an den gestellten Aufgaben. Gelegentlich werden auch berufliche und private Probleme oder Informationen ausgetauscht, da die SchülerInnen nur wenig Gelegenheit zum Gespräch untereinander haben. Die bildnerischen Arbeiten sind überwiegend sorgfältig und eher durch einen kindlichen Stil gekennzeichnet. Ihrem Wesen nach sind die SchülerInnen eher zurückhaltend und vorsichtig, was sich auch in ihren Arbeiten niederschlägt. Gewagte, experimentelle Ergebnisse sind kaum zu finden. Der Anteil der Männer in diesem Berufsfeld beträgt 10,5 %. Durch die Zuwanderung Deutschstämmiger aus den ehemaligen Ostblockstaaten befinden sich unter den Schülerinnen auch ältere Erzieherinnen (40 - 46 J.), deren Abschluß in Deutschland jedoch nicht anerkannt wird. Sie besuchen daher die KKS, um einen entsprechenden Schulabschluß nachzuholen.

2.3.3.2.4 Berufsschule für Körperpflege (KÖM)

Der dominante Anteil der Schülerinnen zeigt, daß der Beruf des Friseurs ein "klassischer" Ausbildungsgang für junge Frauen mit Hauptschulabschluß geworden ist. Etwa die Hälfte der Schülerinnen stammt aus europäischen Ländern oder sind hier geboren worden. Im Vergleich zu den anderen Schulformen zeigt der Erziehungsstil hier noch deutlich autoritäre Züge, die sich auch in den hierachischen Strukturen in den (Lehr-) Betrieben manifestieren. Diese Tatsache führt zu einer entsprechenden Unzufriedenheit bei den Schülerinnen, deren Auflehnung aber nur latent vorhanden ist. Die persönliche Haltung läßt sich am treffendsten so formulieren, daß sie sich in ihr "Schicksal" fügen. Sie sind lernwillig und dem Kooperationsunterricht gegenüber offen und motiviert.

2.3.3.2.5 Werkstatt für Behinderte (WfB)

Die praktisch-bildbaren Schüler sind mehrfach behindert und daher eingeschränkt bildungsfähig. Sie besuchten zuvor die Sonderschule für Praktisch-Bildbare, in die Schüler aus der Stadt und dem Landkreis Offenbach kommen. Einmal in der Woche werden sie von einem Lehrer der KKS zum BS-Besuch abgeholt. Die übrigen Tage arbeiten sie in den Beschützenden Werkstätten für Behinderte der Arbeiterwohlfahrt am Stadtrand von Offenbach. Sie sind daher berufsschulpflichtig. Da es sich aber nicht nur um eine Pflicht, sondern auch um ein Bildungsrecht handelt, sind auch ältere Schüler (bis 52 J.) anwesend. Der Hauptgedanke für den Schulbesuch besteht darin, daß sie in einfachen handwerklichen und haushalterischen Tätigkeiten unterwiesen werden, die der praktischen und hygienischen Lebensbewältigung dienen sollen. Sie werden daher in drei Bereichen unterrichtet: Holz/Metall, Textil/Nähen und Kochen/ Ernährung. Die SchülerInnen waren mit viel Spaß und Ausdauer tätig. Die Angebote stellen für sie eine angenehme Abwechslung in ihrem sonst eher trostlosen und monotonen (Arbeits-) Alltag dar. Die Schüleraktivitäten wurden in organisatorischen Angelegenheiten durch ein großes Engagement und die intensive Zuwendung der Lehrer unterstützt.

2.3.3.2.6 Zweijährige Berufsfachschule sozialpflegerischer und sozialpädagogischer Berufe (BFS)

Die SchülerInnen erhalten in der Zweijährigen BFS (= 9. und 10. Klasse) eine fachpraktische und -theoretische Ausbildung in dem gewählten Berufsfeld. Durch die Versetzung in die 10. Klasse erhalten die SchülerInnen, soweit dieser noch nicht vorlag, den Hauptschulabschluß. Nach Bestehen der Prüfungen Ende der 10. Klasse haben sie den Mittleren Bildungsabschluß geworben. Es kann eine einjährige Ausbildung zur Kinderpflegerin hieran anschließen. Für den sozialpädagogischen BFS-Zweig stehen als fachpraktische Fächer auch "Werken und Gestalten", "Musik" oder "Spiel" auf dem Lehrplan. Im Rahmen des MV wurde den teilnehmenden 9. Klassen "Tanz/Rhythmik" und "Darstellendes Spiel" angeboten. Aufgrund ihres "schwierigen" Alters waren sie für die Angebote oft nur schwer zu motivieren, weil "Null Bock"-Einstellungen und prinzipielle Lustlosigkeit vorherrschten. In einer Gruppe wurden durch eine dominante Schülerin (Anführerin einer Clique) die motivierten Schülerinnen regelrecht eingeschüchtert, damit sie ihren Arbeitseinsatz verringerten.

2.3.3.2.7 Jugendliche ohne Ausbildungsplatz (BSM)

Diese Klasse besuchen weibliche Jugendliche ohne Ausbildungsvertrag und ohne Arbeitsverhältnis, da sie bis zur Vollendung des 18. Lebensjahres der Berufsschulpflicht unterliegen. Sie werden in den Bereichen Hauswirtschaft und Ernährung unterrichtet. Zum überwiegenden Teil handelt es sich um ausländische Schülerinnen. Aufgrund ihrer sozialen Lage ist ihre Motivation zum Schulbesuch relativ gering und durch ihre Herkunft ist ihre vorhergehende Schulausbildung nur als minimal zu kennzeichnen, d.h., daß die intellektuellen Fähigkeiten nicht ausreichend gefördert worden sind. Der Unterricht ist in diesen Klassen entsprechend mühsam, hinzu kommt das Alter um die 16 Jahre, in dem sie mit sich selbst und der Welt im unklaren sind, weil sie noch nicht ihren Platz in der Gesellschaft gefunden haben, sich aber gegen sie auflehnen und zugleich aber gegenüber jeder Kritik sehr empfindlich sind.

2.3.3.2.8 Eingliederungs-Lehrgang in die Berufs- und Arbeitswelt (EBA)

Der EBA ist eine Fördermaßnahme für junge Aussiedler, Ausländer und Asylberechtigte. Es handelt sich um eine vollzeitschulische Ausbildung mit einem mehrwöchigen Praktikumsblock. Der in z.T. getrennt geschlechtlichen Klassen stattfindende Unterricht soll dem Erwerb der Grundkenntnisse der deutschen Sprache dienen. Außerdem schließt er eine informationstechnische Grundbildung (ITG) ein, das sind vor allem die neuen informationsverarbeitenden Techniken wie Computer oder Datenübertragung. Ergänzt wird der Unterricht durch Kulturtechniken, landeskundliches und gesellschaftliches Grundwissen, das häufig in projekt- und handlungsorientierten Lernformen erteilt wird. Die Hauptschwierigkeiten für den Unterricht beruhen auf der mangelnden Disziplin (vorwiegend der männlichen Teilnehmer) und Pünktlichkeit sowie den mangelhaften Sprachkenntnissen. Diese führen z.T. zu einer verbalkognitiven Überforderung der SchülerInnen, die sich dabei in ihre Muttersprache zurückziehen. Da meist aus einem Herkunftsland mehrere SchülerInnen stammen, bilden sie "Sprachinseln", die vor der ständigen "Berieselung" durch die Fremdsprache "Deutsch" schützen. Diese Unterhaltungen führen häufiger auch zu Störungen des Unterrichts. Je nach bisheriger Schullaufbahn, nationaler und sozialer Herkunft bringen die SchülerInnen verschiedene Voraussetzungen mit, die die Konzentrationsfähigkeit, Ausdauer, kognitive Aufnahmefähigkeit und intellektuellen Fähigkeiten betreffen. Um diesen Problemen zu begegnen, werden die EBA-Klassen auch regelmäig (8 Wochen-Std.) durch eine Sozialpädagogin betreut. Aufgrund der heterogenen Staatenzusammensetzungen der Klassen brechen, vorwiegend in den Jungenklassen, aggressive Nationalitätenkonflikte auf, die sich gelegentlich auch tumultartig steigern können. Nach Abschluß der EBA-Klasse besuchen die SchülerInnen in der Regel einen vollzeitschulischen Ausbildungsgang oder finden eine Lehrstelle und kommen als TeilzeitschülerInnen wieder in die BS.

2.3.3.2.9 Klassen zur Ausbildung von DamenschneiderInnen (DS)

Die am MV teilnehmenden Schülerinnen besuchen alle die vollschulische Ausbildung für das Damenschneiderhandwerk. Das BGJ für Textiltechnik und Bekleidung entspricht dem der Auszubildenden aus Industrie und Handwerk (TZ), in der zweijährigen Fachstufe besuchen die VollzeitschülerInnen die BFS mit Berufsabschluß für den Ausbildungsberuf DamenschneiderIn. Im SS 1993 nahmen an der AG "Figur- und Modezeichnen" nur Schülerinnen aus dem 2. Ausbildungsjahr teil, im WS 1993/94 kamen die Schülerinnen aus dem 1. und 2. Ausbildungsjahr. Die Schulabschlüsse bei Eintritt in die KKS decken das Spektrum von Hauptschule bis Gymnasium ab. Gegenüber früheren Jahren ist eine Zunahme von (ausländischen) HauptschülerInnen festzustellen. Erklärbar ist dies zum einen durch die weltweiten Migrationswellen und zum anderen durch die sinkenden Berufsaussichten in Deutschland. Ein Teil der SchülerInnen, vor allem Abiturienten/-innen oder solche, die bis zum Mittleren Bildungsabschluß das Gymnasium besucht haben, schließen ein Studium an einer Fachhochschule für Gestaltung (Textil) an oder versuchen, sich bei Theater, Film oder Fernsehen in der Kostümbildnerei weiter auszubilden. Daher war für das Angebot des Figuren- und Modezeichnens zunächst ein großes Interesse durch die Schülerinnen vorhanden. Die Motivation war anfangs auch stark genug, um nach dem eigentlichen Schulunterricht noch im Schulgebäude zu verweilen. Sobald aber die schnellen Erfolgserlebnisse ausblieben, ebbte die Teilnahme stark ab. Einige Gründe hierfür sind: mangelnde Ausdauer; die fehlende Bereitschaft an sich selbst zu arbeiten, d. h. intensiv zu üben; z. T. auch die geringe Freizeit zwischen Schule und Jobben, um die Ausbildung zu finanzieren; falsche Selbsteinschätzung des eigenen zeichnerischen Könnens. Diese Aussagen beziehen sich vor allem auf die erste Schülerinnengruppe, die zweite im WS schrumpfte zwar ebenfalls in der Zahl der Teilnehmerinnen etwas, aber nicht in dem Ausmaß. Neben einem revidierten Lehrkonzept lag es u. a. an der Selbsteinschätzung der Schülerinnen, die ihre Fähigkeiten zunächst geringer einstuften und in ihrem Verhalten und Äußerungen immer wieder ihre Unsicherheit darlegten. Erfolgserlebnisse mußten zwar genauso (hart) erarbeitet werden - es war aber auch die Bereitschaft da, an sich zu arbeiten -, sie brachten dann auch neue Motivationsschübe, so daß die Gruppe, abgesehen vom Fehlen durch Krankheiten, kontinuierlich zum Zeichnen und Malen kam. Es entwickelte sich sogar ein so großes Interesse, daß der Wunsch nach einer Fortführung ausgesprochen wurde. Einige Schülerinnen besuchen jetzt Malkurse in der JKS und sind bereit dafür die entsprechenden Gebühren zu entrichten.

2.3.3.3 Theodor-Heuss-Schule
2.3.3.3.1 Berufsvorbereitungsjahr (BVJ kfm)

Die BVJ-Klasse ist aus ausländischen Schülern und Schülerinnen verschiedener Herkunftsländer zusammengesetzt, die seit maximal zwei Jahren in Deutschland sind. Die Jugendlichen sollen in erster Linie die deutsche Sprache erlernen und mit öffentlichen Einrichtungen wie Bank, Postamt, Krankenhaus u. ä. und den alltäglichen Erfordernissen des Lebens in Deutschland vertraut gemacht werden. Sie schließen die Schule ohne Abschluß ab. Die SchülerInnen entstammen aus intakten Familien, hauptsächlich aus unteren sozialen Schichten. Schwierigkeiten und Aggressionen unter den Jugendlichen entstehen durch die multikulturelle Zusammensetzung und die daraus resultierenden verschiedenen Sozialisationsprozessen der einzelnen. Aufgrund des Alters, 15 - 17 Jahre, kommt es häufig auch zu "Machtkämpfen" zwischen den Geschlechtern.

2.3.3.3.2 Berufsgrundbildungsjahr (BGJ kfm)

Die BGJ-Klasse setzt sich aus deutschen und ausländischen Schülern und Schülerinnen aus den unteren sozialen Schichten zusammen. Vorwiegend die deutschen Jugendlichen entstammen sozialen Brennpunkten und/oder aus zerrütteten Familien. Das Sozialverhalten ist von einer aggressiven und unflätigen Sprache bis hin zu körperlichen Angriffen auf andere Personen gekennzeichnet. Die Einstellung gegenüber der Schule und dem Lernen an sich ist von einer stark ablehnenden und zum Teil auch resignierten Haltung ("Null-Bock", "No future") geprägt.

2.3.3.3.3 Förderlehrgänge des Internationalen Bundes für Sozialarbeit (FLIB)

Bei den Schülern und Schülerinnen handelt es sich um ehemalige Sonderschüler ohne Hauptschulabschluß. Aufgrund ihrer z. T. ausgeprägten Verhaltensauffälligkeiten werden sie vom Arbeitsamt als "arbeitsunfähig" und schwer vermittelbar eingestuft. Im Rahmen des Förderlehrganges des Int. Bundes für Sozialarbeit, Rumpenheim erhalten sie die Möglichkeit einer beruflichen (handwerklichen) Ausbildung in deren Werkstätten. Einmal in der Woche besuchen sie, wie andere Teilzeitschüler auch, die BS. Die beiden Parallelklassen, die am MV teilnahmen, unterscheiden sich nur dadurch, daß die einen mit, die anderen ohne den Hauptschulabschluß abschließen. In den Werkstätten und der BS soll es den Schülern und Schülerinnen ermöglicht werden, eigene Fähigkeiten und Interessen zu erspüren, um daraus eine Berufsrichtung zu finden, für die sie sich eignen könnten; in der Regel im Status einer Hilfskraft. Durch ihr gestörtes Sozialverhalten, das sich z. B. in gewalttätigen Aggressionsschüben gegenüber anderen Schülern äußerte, oder anderen psychischen Auffälligkeiten, gestaltete sich der Unterricht im MV schwierig. Die Klassen wurden ansonsten durch Sozialpädagogen und Psychologen betreut, zu denen jedoch seitens der Lehrerinnen und Kursleiterinnen kein Austausch bestand. Hier hätte(n) durch vorab klärende Gespräche ggf. (ein) gemeinsame(s) Konzept(e) im Sinne eines gezielt kompensatorischen Unterrichts entwickelt werden können.

2.3.3.3.4 Justiz- und Verwaltungsfachangestellte (FJu, ReNo, FVA)

Die Klassen werden etwa zu 90 % von Schülerinnen und in einzelnen Fällen von ausländischen aus EG-Ländern (Italien, Spanien) besucht. Das Verhalten der SchülerInnen ist als eher zurückhaltend und angepaßt zu bezeichnen. Persönliche Meinungen vor der Klasse zu äußern und zu vertreten, gehört bei den Verwaltungsschülern und -schülerinnen zu den Ausnahmen. Kritische Äußerungen zu Unterricht und Inhalten geschehen häufig nur auf schriftlichem Wege, z. B. in Form von Berichten im Deutschunterricht. Während der musischkulturellen Angebote kam es im Verlauf der Veranstaltungen zunehmend auch zu kritischen Stellungnahmen zu Schule, Beruf und auch dem MV. Auslöser hierfür war wohl die entspannte Atmosphäre des Kooperationsunterrichts, die zu einem entprechenden Vertrauensverhältnis in diesem "Schutzraum" innerhalb des üblichen Stundenplans führte. Die Berufswahl erfolgte für viele SchülerInnen durch die Beratung des Arbeitsamtes und häufig die geringe Anzahl der Alternativen (z. B. zwischen Verkäuferin bei C & A, Friseuse oder Justizangestellte). Die triste Ausbildungs- und Berufsroutine im Betrieb führt bei vielen Schülern und Schülerinnen bereits im 2. Ausbildungsjahr zu "Frust" und Unzufriedenheit. Die Motivation, etwas zu lernen und auch in einem bestimmten Rahmen gefordert zu werden, wäre zwar vorhanden, sie wird aber durch die äußeren Ausbildungsgegebenheiten, hauptsächlich in den Betrieben (Stadtverwaltungen, Amtsgericht), eher abgebaut. Häufig wird bemängelt, daß zuwenig erklärt wird und sie nur für Hilfsarbeiten herangezogen werden.

2.3.3.3.5 Berufsfachschule für Arzthelferinnen (BFS)

Die Arzthelferinnenklassen haben einen hohen Ausländerinnenanteil, da sich deutsche SchülerInnen zunehmend weniger für soziale/pflegerische Berufe entscheiden, die i.d.R schlecht bezahlt werden und ein verhältnismäig geringes Prestige aufweisen. Das Verhalten der Schülerinnen ist als angenehm zu bezeichnen und der Umgang untereinander ist von gegenseitiger Akzeptanz und Hilfsbereitschaft geprägt. Sie zeigten sich als aufgeschlossen für das Theaterspielen, obwohl es für viele eine neue Erfahrung, auch oder gerade im Rahmen der Schule, darstellte. Zu der neugierigen Offenheit gesellte sich auch die Bereitschaft, sich einer intensiveren Textarbeit zuzuwenden, d. h. ein Theaterstück von Eugène Labiche wurde durchgespielt. Die Dialoge sollten jedoch nicht zuhause auswendig gelernt werden, sondern durch gemeinsames Besprechen und Spielen der Szenen frei wiedergegeben werden. Das bereitete den Schülerinnen viel Freude neben reinen Improvisationsphasen. Ein abschließender Theaterbesuch, der für viele überhaupt der erste war, führte ihnen konkret vor Augen, was Theater spielen bedeutet und wie die Atmosphäre auf einer Bühne ist. Sie waren beeindruckt vom Können der SchauspielerInnen und realisierten den großen Unterschied zum Fernseherlebnis zuhause, das die meisten sehr gut kennen.

2.3.3.3.6 Berufliches Gymnasium (Wirtschaft, 13. Kl., BGym)

Die AbiturientInnen planten ein Theaterstück in englischer Sprache während der Abiturfeier aufzuführen. Als Thema hatten sie sich auf ein "AbiturientenInnentreffen zwanzig Jahre nach dem Abi" geeinigt. Die Textentwicklung bestritten beide Parallelklassen in Zusammenarbeit mit der Englischlehrerin, die auch ihre Unterrichtsstunden für das Theaterprojekt zur Verfügung stellte. Die Kursleiterin versuchte mit der am MV teilnehmenden Gruppe die (schau-)spielerische Umsetzung zu entwickeln. Dabei wurden die Charaktere und Dialoge durch die improvisiert gespielten Szenen klarer durchgebildet und immer wieder Korrekturen am schriftlichen Entwurf vorgenommen. Entsprechende "Körperarbeit" (Warming up, Sensibilitäts-, Bewegungstraining, Improvisationstechniken u.ä.) waren die Basis für die Steigerung der spielerischen Ausdrucksfähigkeit. Die

Bereitschaft der SchülerInnen diese Trainingsphasen konzentriert und intensiv zu betreiben, variierte von Person zu Person. Etwa der Hälfte mußte noch einmal gut zugeredet werden, damit sie eine bestimmte Übung durchführten. Dies führte natürlich immer wieder zu Unterbrechungen und einem eher zähen Entwicklungsverlauf. Unterstützt wurde diese Tendenz auch durch häufige Diskussionen um Dialoge oder Handlungsverläufe. Die SchülerInnen versuchten die Lösung gerne theoretisch-verbal, nur über den Intellekt, eine "kindliche" Offenheit, spielerisch einen Lösungsweg zu finden, kam weniger in den Blick. Der weitere Entwicklungsprozeß wurde durch die Abiturprüfungen und die Osterferien unterbrochen und führte dazu, daß die Klasse nicht mehr bereit war, auf der Abiturfeier vor den anderen Schülern aufzutreten. Die latenten Hemmungen, sich auf einer Bühne zu produzieren, brachen nun augenscheinlich hervor. Deshalb war die neue Idee der Gruppe, einen Videofilm aus dem Stück zu drehen, der dann vorgeführt werden sollte. Dieses Projekt wurde leider nicht mehr realisiert, weil die SchülerInnen allmählich ganz das Interesse daran verloren hatten. Ähnlich wie bei denjenigen Schülerinnen zur Damenschneiderin, die Mittlere Reife oder häufiger Abitur haben, scheiterten die SchülerInnen an ihren eigenen Ansprüchen und entweder der unrealistischen Einschätzung der eigenen Fähigkeiten oder der Bereitschaft, etwas Neues zu wagen und auch einen Teil der eigenen Persönlichkeit öffentlich zu präsentieren, der dabei "ungeschützt" dem Urteil anderer ausgesetzt wird.

2.3.3.4 Allgemeine SchülerInnendaten

Aufgeteilt nach den beteiligten Voll- und TeilzeitschülerInnen ergibt sich ein Verhältnis von 59,6 % zu 40,4 % (s. Tab. 2). Insgesamt nahmen 1352 SchülerInnen am Modellversuch teil, dabei stehen 1051 Schülerinnen (= 77,7 %) 301 Schüler (= 22,3 %) gegenüber. Das Durchschnittsalter betrug 19,2 Jahre (s. Abb. 2 u. 3).

Aus Abbildung 4 wird ersichtlich, daß 965 (= 71,4 %) deutschen SchülerInnen 387 (= 28,6 %) ausländische SchülerInnen gegenüber standen. Dieses Zahlenverhältnis legt natürlich Überlegungen über inter-/multikulturelle Ansätze nahe. Explizit wurde nicht auf solche kulturpädagogischen, zielgruppenorientierten Konzepte zurückgegriffen. Dies geschah indirekt durch die musisch-kulturellen Angebote selbst, die immer wieder auch Anlässe oder Möglichkeiten boten, auf andere Kulturen und Lebensweisen Bezug zu nehmen.

Tab. 2: Klassenverteilung nach Voll- und Teilzeitschülern

Vollzeitklassen		Teilzeitklassen	
FSU	12	WfB	6
FSO	10	FJu	4
BVJ_{soz}	7	VSM	4
EBA_{soz}	6	VSU	4
BVJ_{kfm}	5	AH	3
DS	4	BGJ_{gew}	3
BGJ_{kfm}	3	FVA	3
BFS_{soz}	3	BP	3
BGym	2	ReNo	3
BFS_{gew}	1	FLIB	2
BFS_{kfm}	1	KÖM	2
BSM	1	KL	1
EBA_{gew}	1		
Gesamt	**56**		**38**
	(= 59,6 %)		(= 40,4 %)

(Zeile links: Klassen)

2.3.4. Die BerufsschullehrerInnen

Dieser "Schülermenge" standen an den drei Berufsschulen 34 LehrerInnen gegenüber (s. Tab. 3 u. Abb. 2, 3). Die Mehrzahl stammt aus den allgemeinbildenden Fächern oder es sind FachlehrerInnen gestalterischer Fächer. Die LehrerInnen, die sich am Modellversuch beteiligten, meldeten sich freiwillig. Sie konnten ihre Wünsche äußern, in welchen musisch-kulturellen Fachbereichen eine Kooperation stattfinden sollte. Sie heißen:

ABS: Chr. Lipprandt, K. Lenssen, R. Spatz; KKS: H. Dresp, G. Fach, H. Fleischhacker, W. Frank, I. Fossmeyer, G. Grosch, H. Handke, J. Hein, G. Helduser, B. Keller, P. Köhler, G. Möller, I. Müller-Demirbilek, W. Roth, K. Schywalsky, R. Schmitz, E. Scholz, D. Schwenger, D. Steinbrede, U. Thielemeier, G. Zilliken; THS: G.

Bayer, Fr. Büsch, K. Denfeld, D. Freise, I. Hömmerich, B. Krämer-van de Loo, Fr. Kranz, Fr. Krust, Fr. Ratjen, Fr. Winkler.
Die Schulleiter H. Hill (ABS), G. Müller (KKS) und R. Hohlstein (THS) unterstützten in positiver Weise die musisch-kulturellen Angebote des Modellversuchs, die i.d.R. in den Schulen stattfanden, indem sie die notwendigen organisatorischen Rahmenbedingungen schufen.

Tab. 3: LehrerInnenverteilung auf die Berufsschulen (n = 34)

	August-Bebel-Schule$_{gew}$	Käthe-Kollwitz-Schule$_{soz}$	Theodor-Heuss-Schule$_{kfm}$
Lehrerinnen	0	14	9
Lehrer	3	7	1
Gesamt	3	21	10

2.3.5 Die Mitarbeiter der Jugendkunstschule Offenbach

Leitung: Dr. Bernd Spahn
Pädagog.-künstler. Mitarbeit: Stefan Scheuerer
Sachbearbeitung und Sekretariat: Norma Brucia, Vera Mayer
18 KursleiterInnen als Honorarkräfte mit verschiedenen Qualifikationen, z.B. Kunst-, Theaterpädagogen, Künstler, Designer. Sie heißen:
H. Dey, K. Gebert, L. Gomersky, B. Gutwerk, S. Jakob, M. Janssen, Chr. Klass, J. Ludwig, A. Richard, N. Roth, S. Schopf, S. Simon, Chr. Spieker, J. Tauras, M. de Vries, Cl. Weber, M. Will, A. Wünsche.

2.3.6 Die musisch-kulturellen Angebote

In den drei Jahren der praktischen Modellversuchsphase wurden in 23 Schulformen bzw. Jahrgangsstufen insgesamt 94 musisch-kulturelle Angebote durchgeführt (s. Tab. 4). Diese Angebote ließen sich wie folgt nach den gängigen künstlerischen Gattungen aufschlüsseln (s. Abb. 5):

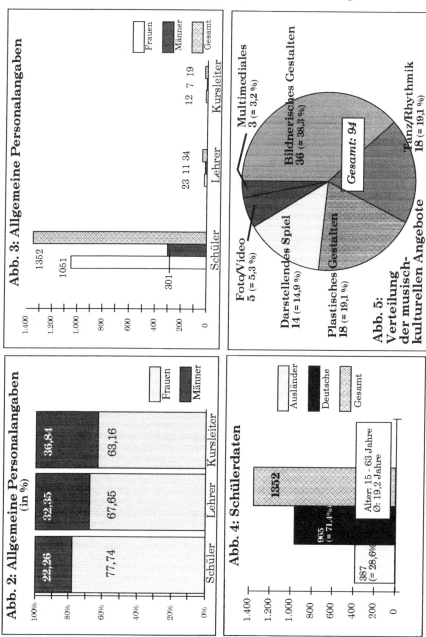

Tab. 4: Verteilung der musisch-kulturellen Angebote auf die verschiedenen Schulformen und Klassen (n = 94)

Bildnerisches Gestalten		Tanz/ Rhythmik		Darstellendes Spiel		Plastisches Gestalten		Foto/Video		Multimediales	
BVJ_{soz}	6	FSU	5	AH	3	BVJ_{kfm}	4	EBA_{soz}	2	DS	2
FSO	4	EBA_{soz}	3	BGJ_{gew}	3	FSO	3	FJu	2	BFS_{kfm}	1
VSM	4	FSO	3	BGym	2	FSU	3	BFS_{gew}	1		
BGJ_{kfm}	3	BFS_{soz}	2	BFS_{soz}	1	WfB	3				
FSU	3	BP	2	BP	1	FVA	2				
VSU	3	BSM	1	BVJ_{kfm}	1	ReNo	2				
WfB	3	VSU	1	FJu	1	KL	1				
FLIB	2	BVJ_{soz}	1	ReNo	1						
KöM	2			FSU	1						
DS	2										
EBA_{gew}	1										
EBA_{soz}	1										
FJu	1										
FVA	1										
Gesamt 36		18		14		18		5		3	

Den größten Teil nimmt das "**Bildnerische Gestalten**" (38,3 %) ein, hierzu haben wir zusammengefaßt: Malerei, Zeichnen, Druckgrafik, Seidenmalerei, Collagen und entsprechende Mischtechniken. Dieser hohe Anteil hängt auch damit zusammen, daß der Unterricht in der Regel in den Berufsschulen stattgefunden hat und diese Techniken in einem normalen Klassenraum auch am problemlosesten durchführbar sind.

Ebenso das "**Darstellende Spiel**" (14,9 %), das am vierthäufigsten gewünscht wurde. Sie konnten heute morgen schon sehen, mit wie wenigen Mitteln oder mit überhaupt keinen Mitteln Theater gespielt werden kann. Ein weiterer Grund liegt auch darin, daß die LehrerInnen bei musisch-kulturellen Angeboten häufig an Theaterspielen oder Rollenspiele denken, weil sie diese Darstellungsformen entweder aus der eigenen Schulzeit, Studium oder durch Fortbildungen kennen und für ihren Unterricht als einzig anwendbar erachten.

Den zweiten Platz nimmt der Bereich "**Tanz/Rhythmik**" (19,1%) ein. Er umfaßte Entspannungs- und Lockerungsübungen, Jazz Dance, Folkloretänze, einfache Choreografien oder auch aktuelle Disco- oder Technotänze der Jugendlichen. Der verhältnismäßig hohe Anteil dieser Angebote läßt sich durch die Fachschule für Sozialpädagogik und die darauf vorbereitenden Schulformen erklären, die auf dem Stundenplan auch das Fach "Bewegungserziehung" haben.

Zum "**Plastischen Gestalten**" (19,1 %) zählten: Holz-, Ton-, Gips- oder Specksteinarbeiten und entsprechende Materialkombinationen. Die große Nachfrage dieses Bereichs, besonders aus den kaufmännisch-verwaltenden Schulformen, läßt sich durch die manuell-handwerklichen Tätigkeiten erklären, die einen völlig anderen Erlebnisbereich für diese Schülergruppen eröffneten und für sie eine wichtige kompensatorische Funktion besaßen.

Mit fünf Angeboten nahmen "**Fotografie**" und "**Video**" (5,3 %) einen vergleichsweise geringen Platz ein und zwar hängt das - interpretiere ich so -, mit der technisch aufwendigen Ausrüstung zusammen, die zum großen Teil auf der Schülerseite nicht gegeben war. Nicht jeder Schüler besitzt einen Fotoapparat, abgesehen von den häufiger anzutreffenden Pocketkameras, mit denen man natürlich nur begrenzt gestalterisch arbeiten kann. Beim Video ist nicht nur der technische Aufwand sehr groß, sondern damit verbunden auch der zeitliche Umfang dieser Projekte, die letztlich die Ausdauer der SchülerInnen überfordern. Ein Abzug von einem Foto ist in wenigen Minuten hergestellt, selbst ein kurzer Videoclip benötigt schon einige Stunden bis zu seiner Fertigstellung. An den Schulen sind zwar Videogeräte vorhanden, z.T. auch Schnittplätze oder vergleichbare "Konstruktionen", aber die technische Einweisung ist sehr zeitraubend und eine routinierte Handhabung der Geräte stellt sich erst nach einer gewissen Übungsphase ein, diese ist häufig aber nicht gewährleistet, weil die zwei Schulstunden hierfür zu kurz sind und nach einer Woche wieder fast von vorne angefangen werden muß. Die Schnittplätze sind für die SchülerInnen auch häufig zu verwirrend durch die zahlreichen Knöpfe, Tasten etc. Professionelle Geräte, die leider entsprechend teuer sind, bieten dagegen für Routineschnittarbeiten, die in der Regel anfallen, eine wesentlich leichtere und schnellere Handhabung.

Das Schlußlicht bildet "**Multimediales**" (3,2 %): eine Performance, eine Modenschau und eine Multimedia-Show. Diese Projekte waren aus verschiedenen künstlerischen Gattungen/Techniken aufgebaut, die zwar auch einzeln bestehen könnten, die aber durch ihre Verzahnung ein mehrdimensionales, sinnliches (Wahrnehmungs-) Erlebnis bieten. Ausführlicheres zur Multimedia-Show finden Sie ab Seite 85.

2.3.7 Unterrichtsorganisation

Da die Einrichtung eines musisch-kulturellen Wahlpflichtbereichs in den hessischen Berufsschulen erst zum 1.8.1993 durch die neue Berufsschulverordnung [4] ermöglicht wurde, wurden die Kooperationsangebote folgenden Fächern zugeteilt:

a) den Fachpraxis-Stunden, die gestalterische Inhalte vermitteln sollen, z.B. bei den ErzieherInnen, Friseusen, DamenschneiderInnen;

b) den Fachtheorie-Stunden, z.B. im "kaufmännischen Berufsvorbereitungsjahr" in Werbelehre;

c) den allgemeinbildenden Fächern wie Deutsch, Religion, Politik o.ä.;

d) als freiwilliges Angebot nach Schulschluß als Arbeitsgemeinschaft, z.B. bei den DamenschneiderInnen, ErzieherInnen.

Die musisch-kulturellen Angebote fanden während des Vormittags oder in den frühen Nachmittagsstunden in den Schulen statt, in Ausnahmen auch in der Jugendkunstschule, der Bildstelle oder auf kleinen Exkursionen im Stadtgebiet für Dreharbeiten beim Videofilmen oder Fotografieren. Bei der Stundenplangestaltung wurden, wenn möglich, Blockungen von wenigstens zwei Stunden berücksichtigt. Häufig fanden die zweistündigen Angebote kontinuierlich über ein halbes Jahr statt, gelegentlich auch nur einige Wochen drei- oder vierstündig. In Ausnahmen gab es auch Blockveranstaltungen, die ganztägig über mehrere Schultage verliefen. Es wurden insgesamt 94 Kooperationsangebote durchgeführt.

Gemeinsames Merkmal allen Kooperationsunterrichts war das Prinzip des **Co-Teachings** von KursleiterIn und LehrerIn. Schulorganisatorische und verwaltungstechnische Aspekte oblagen den LehrerInnen, die fachliche Anleitung und die Organisation der entsprechenden Lehr- und Lernmittel hingegen meist den KursleiterInnen. Die pädagogisch-didaktischen Anteile der Unterrichtspartner variierten je nach Phase und Erfordernissen.

2.4 Der konzeptionelle Ansatz

Ansatzpunkt des Modellversuchs war die bereits erwähnte "Konzeption Kulturelle Bildung" vom Deutschen Kulturrat. Ziel des Modellversuchs war es daher, musisch-kulturelle Angebote in der beruflichen Bildung zu fördern oder zu initiieren, um dem aufgezeigten Defizit zu begegnen. Die Einführung (neuer) künstlerischer Gestaltungs- und Handlungsangebote erfolgte durch die Einlösung des Konzepts "**Öffnung von Schule**" (GÖS)[5], das eine "**Vernetzung**"[6] schulischer und außerschulischer (= freizeitgestaltender) Bildungseinrichtungen ermöglicht. Die Seite der Berufsschule aus Offenbach wurde vertreten durch die August-Bebel-Schule (Gewerbl.-techn. Schule), die Käthe-Kollwitz-Schule (Hauswirt.-pfleger.-sozialpädagog. Schule) und die Theodor-Heuss-Schule (Kaufmänn.-verwaltende Schule), die außerschulische Seite durch die Jugendkunstschule Offenbach, die der durchführende Träger des Modellversuchs war.

Die Erfahrungen des erprobten und erfolgreichen Konzepts der Jugendkunstschule Offenbach [7], die im wesentlichen auf dem Prinzip der "freien Gestaltung" aufbauen, sollten im Modellversuch auch Berufsschulen nutzbar gemacht werden. "**Freie Gestaltung**"[8] bedeutet jedoch nicht Beliebigkeit, sondern:

a) Die Themenstellung legt die SchülerInnen nicht fest, sondern erlaubt individuelle Ausgestaltung im vorgegebenen Rahmen. Häufig wurden Themen gewählt, die einen Lebensweltbezug oder berufliche Inhalte der Jugendlichen aufgriffen. Im fortgeschrittenen Arbeitsprozeß wurden immer wieder auch Kunstwerke verschiedener Epochen vorgestellt, um daran Bezüge zur eigenen Arbeit herzustellen.

b) Das methodische Vorgehen des/der Kursleiters/in schließt das Gespräch ein, den Austausch mit den SchülerInnen, auch den Austausch der SchülerInnen untereinander. Kommunikation findet während des Prozesses und über das Produkt (nonverbale Kommunikation) statt.

c) LehrerInnen und KursleiterInnen leben konkret unterschiedliche Arbeitstechniken, (Arbeits-) Haltungen, Standpunkte, Sichtweisen, Forderungen und Reaktionen im Umgang mit den SchülerInnen vor. Schüleräußerungen belegen die unterschiedliche Wahrnehmung von den Lehrenden durch sie.

d) Die SchülerInnen, aber auch die LehrerInnen, werden angeleitet und ermutigt, mit den Farben, Formen und Materialien oder mit dem eigenen Körper zu "spielen", d.h., im Umgang mit ihnen zu experimentieren und neue Lösungswege zu erproben. Am einfachsten wird dies durch ungegenständliche Aufgaben erreicht, die entweder mit aleatorischen Prinzipien (z.B. Klecksbilder) gestaltet werden oder durch die Wegnahme eines vertrauten Werkzeugs (z.B. Fingerfarben). Grundlegende Arbeitsweisen aus dem Kreativitätstraining werden so sinnlich erfahrbar nachvollzogen.

Hieraus wird deutlich, daß **handlungsorientierte und kommunikative Unterrichts- und Arbeitsformen** im Vordergrund standen, die auch das Co-Teaching begünstigten. Folgende Aspekte lassen sich zu diesem Unterrichtsverfahren formulieren:

1.) Den LehrerInnen wird durch das Co-Teaching eine Weiterbildung während der Unterrichtszeit ("training on job") ermöglicht.

2.) Diejenigen LehrerInnen, die fachfremd unterrichten müssen, erfuhren in konkreten Unterrichtssituationen fachkundige Arbeits- und Wissensvermittlung und konnten somit ihr Methodenrepertoire erweitern. Mühsam angelesenes Fachwissen entfällt zugunsten einer anschaulich vorgeführten Praxis durch "Experten" (vgl. Steinig 1995).

3.) LehrerInnen, die bereits über einen längeren Zeitraum im Schuldienst tätig sind, unterliegen der Gefahr einen "routinierten" Unterricht "abzuspulen" ("burning out-Syndrom"). Der Dialog mit schulfremden KursleiterInnen, die frei von den schulischen Systemzwängen sind, konnte neue Denkanstöe liefern und eingefahrene Haltungen verflüssigen (i. S. der Kreativitätstheorie). Durch gemeinsame methodische und inhaltliche Reflexion wird das eigene Handeln sowohl von LehrerIn als auch KursleiterIn häufiger und intensiver hinterfragt. Mögliche burning out-Merkmale, verursacht durch das häufig anzutreffende Einzelkämpfertum, können gemildert werden; Kreativität, Flexibilität und soziales Verhalten werden neu belebt (vgl. Burisch 1994).

4.) Für eine weitere Lehrergruppe war die Einbeziehung des musisch-kulturellen Lernbereichs in ihren Unterricht vollkommen neu. Durch die Teilnahme am Kooperationsunterricht erwarben sie Kenntnisse und Fähigkeiten aus den jeweiligen künstlerischen Bereichen. Einige LehrerInnen haben soviel Erfahrung und Mut erworben, daß sie bereits versuchen, ohne KooperationspartnerIn diese neu erprobten Lehrangebote weiterzuführen. Die Jugendkunstschule wirkte bei technischen o.a. Fragen beratend mit oder half bei der Beschaffung von Materialien.

5.) Durch den Austausch mit "Experten" erhielten interessierte LehrerInnen (aktuelle) Informationen über andere Modellversuche, Literaturhinweise zur "Öffnung von Schule", zu künstlerischen Belangen, Veranstaltungen, Fort- und Weiterbildungsmöglichkeiten, Bezugsquellen für Materialien u.ä.

6.) In einigen Klassen fanden die musisch-kulturellen Angebote in sogenannten Notenfächern statt, so daß von LehrerIn und KursleiterIn gemeinsam Kriterien entwickelt wurden, die das Gewicht nicht nur auf das Endprodukt legten, also künstlerisch-handwerkliche Fähigkeiten, sondern auch auf den Arbeitsprozeß, sprich kreative Komponenten, und die Arbeitshaltung, also soziale und pädagogische Aspekte (vgl. Bendler 1995; u. Vicari 1995).

Interessierte **SchülerInnen** erhielten ebenfalls Informationen über Einrichtungen, in denen sie ihre Kenntnisse vertiefen können, Anregungen für eine selbständige Beschäftigung mit musisch-kulturellen Phänomenen in der Freizeit, Informationen über Ausstellungen, Museen, Aufführungen, Literatur u.a.

Durch unregelmäßig wiederkehrende Arbeitsbesprechungen der am Modellversuch beteiligten **KursleiterInnen** zu thematischen Schwerpunkten wurde ein gegenseitiger Austausch über die bisherigen und zukünftigen Kurse gewährleistet. Durch die Vorstellung veröffentlichter Projekte anderer Einrichtungen und anderer Literatur zur Ästhetischen Bildung, Jugendkultur, GÖS u.ä. durch den pädagogischen Mitarbeiter wurde des weiteren eine intensivere Auseinandersetzung mit den Fragestellungen des Modellversuchs und den Kooperationsmöglichkeiten mit den Schulen eingeleitet. Zusätzlich erhielten die KursleiterInnen auch entsprechende Literatur in Form von Fotokopien zur Vertiefung ausgehändigt.

2.5 Mögliche Ziele musisch-kultureller Bildung

Aufgrund der Verschiedenartigkeit der Schulformen und Klassen lassen sich für die Ziele musisch-kultureller Bildung drei allgemeine Aspekte differenzieren:
1.) persönlichkeitsfördernde Faktoren
2.) berufsorientierte Fachpraxis und -theorie
3.) kulturelle/ästhetische Bildung.

Sie lassen sich folgendermaßen beschreiben - zur besseren Anschaulichkeit werden Bildbeispiele vorgestellt, die einzelne Gesichtpunkte an Schülerarbeiten verdeutlichen sollen:

2.5.1 Persönlichkeitsfördernde Faktoren

Persönlichkeitsbildende und kommunikative/soziale Aspekte standen im Vordergrund, wie z. B. Interesse für etwas (Neues) zu entwickeln; sich zu öffnen und anderen (nonverbal) mitzuteilen; sich selbst und seine Fähigkeiten umfassender kennenzulernen; das Selbstwertgefühl durch das Interessse und die Zuwendung schulfremder Personen zu stärken; die Ausdauer und Konzentration zu schulen u.ä.m. Diese Ziele wurden gewissermaßen "spielerisch" [9], ästhetisch erfahren im eigenen praktisch-künstlerischen Handlungsvollzug, dabei variierte die Nähe zu berufsbezogenen Inhalten sehr stark (z.B. freie Thematik bis Werbeplakat).

Farbabbildungen 30 - 33

Ich habe einige Schülerarbeiten herausgegriffen, an denen ich den Prozeß des Sich-öffnens für etwas Neues oder Fremdes demonstrieren möchte. Die Schülerarbeiten sind im Berufsvorbereitungsjahr (KKS) entstanden, das sich einen Kurs "Aquarellmalen" gewünscht hatte. Die Aquarellmalerei wird von den meisten Laien mit einem bestimmten Flair in Verbindung gebracht, auch die Schülerinnen hatten diese Vorstellungen von zarten, weichen leuchtenden Farben, die ein "schönes, gegenständliches Bild" (Man soll häufig auch ganz klar erkennen können, was dargestellt ist.) entstehen lassen. In der Farbabbildung 30 sieht man aber, daß die Aquarellfarben noch wie Deckfarben behandelt werden, mit der i.d.R. jeder während seiner Schullaufbahn in Kontakt gekommen ist. Die Landschaft ist noch sehr stark den spätkindlichen Gestaltungsschemata verhaftet: Perspektive, Größenverhältnisse, Differenzierungen und technische Ausführung sind noch wenig ausgeprägt. Die einzelnen Bildelemente sind noch stark konturiert, also in sich geschlossen, gegeneinander abgegrenzt. Im nächsten Bild sieht man bereits einen Entwicklungsschritt, der durch Anregungen, wie z.b. Gespräche oder gemeinsames Betrachten von Bildbänden, vollzogen worden ist und zwar in die Richtung eines gezielteren Einsatzes der bildnerischen Mittel, daß beispielsweise ein perspektivischer Bildraum entsteht, wie es durch das Heller-werden der Baumreihen zu erreichen ist oder durch die diagonale Anlage der Landschaft eine Dynamik und Tiefenwirkung erzielt wird. Hier wird mit ersten Schritten versucht, künstlerische Mittel für eine Bildaussage planvoll einzusetzen. Solche sichtbaren Erfolgserlebnisse bauen natürlich Selbstvertrauen und Mut, noch weiter zu gehen, auf. In Bild 32 lösen sich die geschlossenen Grenzen auf, dadurch wird zugelassen, daß Flächen, die vorher stark voneinander abgesetzt waren, offene Ränder besitzen, die Farben also entweder konkret während des Malprozesses auf dem Papier oder aber zumindest optisch ineinander verlaufen können, sich Mischungen und neue, ungeplante Wirkungen ergeben können. D. h., Mut zu haben, Bildelemente nur anzudeuten, und so der Fantasie des Betrachters Raum zu lassen. Diese Fantasie leitet einen Kommunikationsprozeß ein zwischen dem Betrachter bzw. dem Bildschaffenden selbst. Durch eine gewisse Offenheit des Bildes ist natürlich dessen Auslegung nicht auf eine Möglichkeit eingeschränkt, sondern andere Betrachter können andere Interpretationen äußern, so daß der Produzent lernt, sich der Situation auszusetzen, auch andere Meinungen zuzulassen. Dieses "Verhaltenstraining" kann man im nächsten Schritt allgemein auf die Kritikfähigkeit einer Person sowohl im passiven als auch aktiven Sinne ausdehnen.

2.5.2 Berufsorientierte Fachpraxis und -theorie

Berufsorientierte Fachpraxis und -theorie wurde in Klassen unterrichtet, die gestalterische Fächer im Lehrplan haben und berufsspezifisch ausgeprägt sind (z. B. ErzieherInnen, Friseusen, DamenschneiderInnen). Durch die KursleiterInnen wurde hier der freie(re) Umgang mit künstlerischen Mitteln betont. Kreative Elemente und Prozesse sollten stärker genutzt werden, um eigene Ideen im Hinblick auf die spätere berufliche Tätigkeit zu entwickeln und zu realisieren. Die Auseinandersetzung mit Qualitätskriterien und das "Verflüssigen von Haltungen" wurden angestrebt.

Farbabbildung 34
Eine einzige Abbildung möge in diesem Fall für den freieren Umgang mit den bildnerischen Mitteln stehen, der durch einen Kursleiter ausgelöst, Kreativität förderte.
Thematisch ist die Arbeit in einem Unterrichtskurs zur Temperamalerei bei

den ErzieherInnen (FSS a.d. KKS) angesiedelt. Dort stehen als Fachpraxis "Malen und Gestalten" auf dem Stundenplan. Der Lehrer hatte sich in diesem Fall gewünscht, das Gebiet der Temperamalerei zu behandeln.

Neben dem üblichen Handwerkszeug eines Malers, also den Pinseln, zur Bildgestaltung sollten hierzu Alternativen gesucht werden. Durch verschiedene unkonventionelle Hilfsmittel (Papierröllchen, Holzstäbchen, zerknülltes Papier etc.) sollten zunächst einmal "nur" Strukturen herausgearbeitet werden.

Die abgebildete Blume entstand aus einer Provokation einer Schülerin. Sie tupfte mit zerknülltem Klopapier, das sie zuvor in Farbe getunkt hatte, einen strukturierten Bildgrund. Diese Schülerin war an für sich sehr schwierig und häufig unzufrieden mit sich und der Welt, auch in andern Schulfächern, und sie war bald von dieser Aufgabe "genervt". Als sie den Bildgrund fertig hatte, warf sie dieses zerknüllte Papierstück, so wie es jetzt zu sehen ist, auf das Blatt und ließ es dort so liegen. Sie hoffte, durch ihre Provokation den Kursleiter irgendwie aus der Reserve zu locken, der nahm aber in dieser Situation dieses zerknüllte Stück Papier als konkrete Bildsetzung ernst. Er setzte sich also mit der Reaktion der Schülerin sicht- und hörbar auseinander und versuchte, ihre zornige Energie umzulenken in einen kreativen Prozeß, indem er begann Assoziationen zu diesem Gebilde zu entwickeln. Er interpretierte z. B. eine aufgeblühte Rose, eine Rosenblüte in dieses durchweichte, farbige Papierstück hinein. Die Schülerin zeigte natürlich erst einmal ein Lächeln und lachte diesen Vorschlag aus, daß man aus zerknülltem Klopapier auch noch etwas herauslesen kann. Aber "es" arbeitete in ihr, d. i. in diesem Fall ihre Kreativität. In irgendeiner Weise beschäftigte sie dieser Gedanke und sie freundete sich zunehmend mit dieser Interpretation an. Sie begann das Papier noch etwas zurechtzuzupfen, so daß die Blüte noch plastischer und deutlicher herauskam. Im nächsten Schritt arbeitete sie mit stark pastoser Farbe, was man in der Abbildung nur erahnen kann, den Stiel und die Blätter aus. Sie gestaltete spontan und gefühlsmäßig die Farbe hierfür auch refliefartig, weil oben die Rosenblüte ein sehr ausgeprägtes Relief aufweist, um so zwischen dem ganz flachen Bildgrund und der Blüte zu vermitteln. Es handelt sich hier also um einen kreativen Prozeß, der durch den Dialog mit dem werdenden Werk entstanden ist. Es war ebenfalls ein Sich-öffnen, ein sensibles Hinsehen und "Hinhören" auf Vorgefundenes, das in der Verbindung mit unkonventionellem Handwerkszeug zu einer stimmigen Bildaussage geführt hat.

2.5.3 Kulturelle/Ästhetische Bildung

Es wurde versucht, ästhetische Erfahrungen als Erkenntnisquelle und Mittel der (Eigen-) Bildung[10], die auf der eigenen geistigen

Aktivität der Person beruhen, durch entsprechende Rahmenbedingungen zu ermöglichen. Sie sollten unabhängig von beruflichen Aspekten zum Kompetenzzuwachs beitragen, der allgemein der Lebensbewältigung dient. Das beinhaltet die sinnvolle Strukturierung und Gestaltung der zunehmenden Freizeit oder Flexibilität und Kreativität im Berufsleben. Der "künstlerische Handlungstypus" [11] steht für einen organisch und dialogisch geprägten Modus, der im Gegensatz zu mechanisch-begrifflich geprägten Denkmodellen steht. Entscheidend ist hierfür nicht der Erwerb einer formalen Qualifikation, sondern der künstlerische Prozeß an sich. Er fordert unsere kognitiv-reflexiven Fähigkeiten auf andere und sensiblere Art als das begriffliche Denken, das mit Vor-urteilen und bestimmten Wertungen behaftet ist. Hieraus wird deutlich, daß es sich bei ästhetischen Erfahrungen in hohem Maße um intellektuelle Faktoren handelt, die tiefgreifende Auswirkungen auf unsere Arbeitshaltung, Sozialverhalten, Entwicklung von Zukunftsperspektiven und damit auf gesellschaftliche und berufliche Veränderungen haben können.

Es ist daher wichtig, die "kulturelle Bildung" als einen Eigenwert zu definieren. Sie ist zu verstehen als ein allgemeiner, lebenslanger Kompetenzzuwachs des Individuums. Im Gegensatz dazu stehen die Lerninhalte, die durch verschiedene Formen der Erziehung vermittelt werden und häufig nur ein kurzlebiges Dasein im Gedächtnisspeicher einer Person fristen. Kulturelle/ästhetische Bildung ist jedoch als das Komplement zum rational-kognitiven Welterfassen, Welterleben, Weltbewerten zu verstehen [12], das ebenfalls einen rational geprägten Erkenntnisvorgang birgt und so zu einem umfassenderen Verständnis über sich selbst und seine Umwelt führen kann [13].

Farbabbildung 35
Ich habe dieses Bild einer Auszubildenden zur Damenschneiderin gewählt, weil es sich auf ironisierende Weise mit der Glamourwelt der Mode und der Models - alles sehr schöne, attraktive und "makellose" Frauen - auseinandersetzt. Die Schülerin hat in ihrer Auseinandersetzung mit der Thematik der Modezeichnung, die auf der praktischen, eigenen Zeichentätigkeit beruhte, auch einmal "Häßlichkeit" zugelassen, sie vielleicht sogar bewußt dem schönen Schein gegenübergestellt. Eine ganz spontan entstandene Arbeit, die auch vor dem Hintergrund der "Girlies" zu sehen ist, daß sich junge Frauen heute frech und selbstbewußt geben und sich nicht mehr bedingungslos dem gängigen Modediktat unterwerfen, sondern ein individuelles Outfit zu kreieren versuchen, das zu ihrer Person paßt, ihr Wesen unterstreicht. So eine Zeichnung bietet einen guten

Anknüpfungspunkt für eine "kulturelle" (soziale) Reflexion, auch eine Reflexion über die eigene Person und ihre Wünsche, Träume und Hoffnungen. Der erste Schritt zu einer möglichen Veränderung einer bestehenden Situation ist dann getan, wenn das entsprechende (Problem-) Bewußtsein geschaffen worden ist.

Zur weiteren Veranschaulichung der vorangegangenen theoretischen und zielgruppenorientierten Überlegungen verweise ich auf die Erfahrungsberichte, die von LehrerInnen, Schülerinnen und Kursleiterinnen gemeinsam vorgestellt worden sind (s.S. 71ff.) und auf die ausgewählten Praxisbeispiele in Teil B dieser Dokumentation.

Anmerkungen

[1] Dieser Beitrag ist eine erweiterte Fassung des Tagungsreferats.

[2] Zum Unterschied der beiden Schulformen s. W. Keim S. 223f. u. 268ff. In: Fr. Edding 1985.

[3] Ausführlicheres s. D. v. Kathen, P. Vermeulen: Handbuch Jugendkunstschulen. Unna 1992 u. Jungk/Müllert 1991, Pallasch/Reimers 1990, Burow/Neumann-Schönwetter 1995.

[4] Die neue Hessische Berufsschulverordnung wurde am 22.4.1993 verabschiedet.

[5] Als theoretischer Bezugsrahmen für die Verknüpfung verschiedener Kooperationspartner diente u.a. das Rahmenkonzept "Gestaltung des Schullebens und Öffnung von Schule" des Kultusministeriums NRW (1988), erarbeitet vom Landesinstitut für Schule und Weiterbildung, Soest oder W. Wallrabenstein: Offene

Schule - Offener Unterricht. Reinbek 1991.

[6] Etwa Mitte der 80er Jahre wird in der Kultur- und Freizeitpädagogik der Begriff "Vernetzung" eingeführt, um "Maßnahmen und Aktionen unterschiedlicher Lernorte" zu bezeichnen, die "lokale Lernpotentiale aktivieren" und die "Freiräume neu profilieren" (W. Nahrstedt: Leben in freier Zeit. Darmstadt 1990. S.189).

[7] Vom 1.8.1984 bis 31.7.1987 wurde bereits ein MV "Kooperation zwischen der JKS Offenbach und Grundschulen bzw. Sonderschulen zur Förderung ausländischer und deutscher Kinder im musisch-ästhetischen Bereich" so erfolgreich durchgeführt, daß diese Kooperationsangebote bis heute in den Schulen weiter stattfinden. Ergänzt wird die Konzeption durch Erkenntnisse eines MV der Schule für Kunst und Theater der Stadt Neuss, die eine "Jugendkunstschule für 15 - 25jährige" entwickelt hat, die u.a. Aspekte einer Berufsorientierung einbezieht.

[8] S. Broschüre der JKS Offenbach.

[9] Vgl. H. Scheuerl zur pädagogischen Wirkung des "freien Spiels" (zur Lockerung und Freisetzung schöpferischer Kräfte), des "gebundenen Spiels" (gestalterische Kriterien beeinflussen verschieden stark die spielerischen Ausdrucksversuche) und des "Experimentierens" in verschiedenen Formen (Übergang zu systematischen Handlungsweisen durch "Materialerfahrungen"). In: H. Scheuerl: Das Spiel. Weinheim u.a.[11]1990. S.60ff.

[10] Vgl. hierzu G. Otto: Das Ästhetische ist "Das Andere der Vernunft". Der Lernbereich Ästhetische Erziehung. In: Jahresheft XII Friedrich Verlag: Schule - Zwischen Routine und Reform (1994), S.56-58; ders.: Die aktuelle Ästhetikdiskussion und die Schule von heute. In: Pädagogik, H.9 (1992), S.38-43. Th. Lehnerer: Ästhetische Bildung. In: Jahresheft VI Friedrich Verlag "Bildung" (1988), S.42-45.

[11] Michael Brater von der Gesellschaft für Ausbildungsforschung und Berufsentwicklung gibt aufgrund verschiedener Forschungsprojekte in der Industrie eine detaillierte Handlungsanalyse und zeigt die Möglichkeiten des "künstlerischen Handlungstypus" im alltäglichen Leben auf. Aus: M. Brater: Motivation und Qualifizierung durch kreative Lernangebote in der Sekundarstufe II. In: Landesinst. f. Schule u. Weiterbildung (Hg.): Der andere Lernort: das Studio. Soest 1984, S. 48ff.

[12] Richter-Reichenbach 1983.

[13] Der abgeschlossene MV KUBUS hat gezeigt, daß gerade angeblich intellektuell schwache Schüler (z.B. BVJ) durch ästhetische Erfahrungen zu erstaunlichen reflexiven Leistungen gekommen sind.

3 Erfahrungsberichte

3.1 Darstellendes Spiel
3.1.1 Prolog
Barbara Krämer-van de Loo
Theater in der Berufsschule

Drei Personen: Barbara Krämer-van de Loo, Lehrerin; Sylvia Schopf, Theaterpädagogin; Meike Wagenknecht, ehemalige Schülerin

Die Theaterpädagogin verteilt die Rollen (Rollen mit Texten zu Theaterbegriffen). Die Beteiligten erhalten die falschen Rollen. "Ich habe die Rolle des Pädagogen, das bin ich nicht. Wo ist die Schüler-Rolle?" Austausch der Texte, damit verbunden: die Vorstellung der Beteiligten. Die Texte werden in unterschiedlichen Posen und mit jeweiligem Standortwechsel gesprochen.

- Was steht denn heute auf dem Programm?
- Die Bretter, die die Welt bedeuten! Theaterdonner!
- Ihr Stichwort: Vorhang auf! Bühne frei!
- Eigentlich ist das ganze Leben ein Theater. Wenn wir das am Beispiel der Ausbildungssituation, der Schule oder der Arbeitswelt durchspielen:
- Jeder spielt irgendeine Rolle. Manche müssen immer die Hauptrolle spielen, sich in den Vordergrund spielen.
- ... während für die meisten - vor allem uns Auszubildenden, aber auch danach - nur eine Nebenrolle bleibt. Die müssen sich einiges abschminken. Sie sind Statisten für die, die im Rampenlicht stehen.
- Wobei natürlich viel Show dabei ist: Wenn man bei manchen auch nur ein bißchen hinter die Kulissen schaut... - alles Maske! Nichts dahinter.
- Die haben alle ihre Claqueure und ihre Souffleusen und ihre Stichwortgeber. Und was sie vor allem beherrschen, das ist: dick auftragen!

- Und wehe, wenn man denen mal das Konzept vermasselt! Dann können sie ganz schön aus der Rolle fallen
- Das kann ein Drama geben!
- Eine Tragödie!
- Das reinste Affentheater.
- Manche haben das alles in ihrem Repertoire.
- Vielleicht sollte man viel öfter selbst die Regie in die Hand nehmen?!

3.1.2
Sylvia Schopf
Der Verlauf einer Theaterwerkstatt-Stunde

1.Akt:
Tische wegräumen (gestisch)
Die Pädagogin hält ein Plädoyer für den "handlungsorientierten, sinnlichen Unterricht".

2. Akt:
Wir trainieren unseren Körper
Publikumsanimationen:

Der Stand
Aufstehen und den richtigen Stand/Standpunkt einnehmen, das richtige Stehen (hüftbreit, Füsse parallel), im Gleichgewicht stehen, das Gleichgewicht nicht verlieren.

Die Hände
Fäuste machen und öffnen - bis es in den Händen kribbelt.

Wahrnehmungübung
Im Stehen (Standfestigkeit zeigen) Augen schließen. Sich erinnern, welche Farbe hat das Oberteil des rechten Nachbarn? Augen auf und jeder überprüft seine Erinnerung.

Alle setzen sich.

3. Akt:
Theater ist darstellen - und alles ist darstellbar!

Das Kissen
Was aus einem Kissen alles werden kann: Die Bühnengruppe zeigt Aktionen. Das Publikum errät, in welche Sache das Kissen "verwandelt" wurde.

Ohne Requisiten - So-tun-als-ob:
a) Imaginär eine Tür öffnen (Wie? Was passiert beim Öffnen? Was befindet sich hinter der Tür?)
b) Der Anruf: telefonieren (Aktion + Geräusch), der Dialog (mit dem Telefonpartner).
Auf das Detail achten.

4.Akt:
Spiegeln
Paarweise aufstellen: aufeinander achten (sozialer Apsekt), aufeinander eingehen. (Welches Tempo? Welche Bewegungen?)

5.Akt:
Handlungsfolgen/Szenen konstruieren
Publikumsanimation:
Welche Handlungsfolge läßt sich konstruieren aus: Kissen - Tür - Telefon - Augen schließen - Stehen? Vorschläge aus dem Publikum.

Die Schülerin und Pädagogin: Ansatzpunkte für Szenenkonstruktionen sind Alltagssituationen der SchülerInnen: zuhause, beim Abendessen, der Freund wird mitgebracht und paßt den Eltern nicht; in der Kneipe, Anmache,...

Welche Szenen/Situationen/Thematiken wünschen die SchülerInnen?

Eine Frage von Stefan Scheuerer: "Könntet Ihr eine Aufführung machen?"
Die Schülerreaktion: auf keinen Fall.
Der Kompromiß (Minimalkonsens): wir machen eine Talkshow über die Ausbildungssituation im Amtsgericht.

3.1.3 Epilog
3.1.3.1 Erfahrungen mit der Theaterarbeit
Aus der Sicht der Lehrerin:

Die Erfahrungen, die ich mit dem Theaterprojekt gemacht habe, sahen folgendermaßen aus: Es hat sich meine Beziehung zur Klasse verbessert, ich habe ein offeneres Verhältnis zur Klasse bekommen, so daß ich die SchülerInnen auf eine ganz andere Art wahrnehmen konnte als im normalen Unterricht. Ich konnte beobachten, wie Schülerinnen, die im Unterricht sehr still oder abwesend waren, weil sie der Unterrichtsstoff nicht interessierte, bei dem Theaterprojekt aus sich herausgegangen sind und von sich etwas gezeigt haben, etwas von sich preis gegeben haben, sich dabei sehr aktiv beteiligt haben. Das war ein sehr wichtiger Aspekt für mich, aber auch, daß innerhalb der Klasse eine größere Offenheit entstanden ist, daß man sich untereinander ganz anders wahrgenommen hat, daß man sich nicht entziehen konnte in so einer Situation, daß man einfach mitmachen mußte und dabei sein mußte, daß man sich etwas einfallen lassen mußte, daß man selbst Ideen entwickeln mußte usw. Das Maß an Aktivität war sichtbar größer als im normalen Unterricht. Das waren meine positiven Erfahrungen.

Dazu kam noch - wenn auch nur als ein sehr sporadischer Einblick in die tatsächliche Theaterarbeit -, daß die SchülerInnen erahnen konnten, wieviel Arbeit eine Theaterinszenierung macht. Aufgrund der kurzen Dauer des Theaterprojekts konnten wir nicht auf eine Aufführung hinarbeiten.

(B. Krämer-van de Loo)

Aus der Sicht der Schülerin:

Es war auf jeden Fall locker, eine gute Abwechslung zum normalen, steifen Unterricht. Es war einmal etwas anderes, man konnte sich anders bewegen, man konnte anders mit dem Lehrer sprechen, auf eine andere Art und Weise. Auch untereinander hatten die SchülerInnen ein anderes Verhältnis. Man kam auch während des Theaterspielens in Kontakt zu anderen Schülern, mit denen man sonst nicht so viel zu tun hat.

(M. Wagenknecht)

3.1.3.2
Sylvia Schopf
Und plötzlich soll man kreativ sein
Notizen, Beobachtungen und Gedanken zur Theaterarbeit mit BerufsschülerInnen

Einmal die Woche, zwischen "Maschinenschreiben" und "Mathe" treffen wir uns zur "Theaterwerkstatt". Aktionsraum ist ein Klassenzimmer in der Schule. Die größte Auseinandersetzung für mich war - in dieser Klasse, aber auch in anderen - der Schock der SchülerInnen, daß sie selbst kreativ werden sollten. Auf einmal in diese Situation hineinzuspringen. Man ist in einer festen Struktur: Schule ist definiert, der Klassenraum ist definiert, der Unterricht ist definiert und Lernen ist scheinbar auch definiert. Alles scheint definiert zu sein. Auf einmal kommt jemand von außen hereinspaziert und fängt mit der Auflösung dieser (scheinbar) festen Strukturen an, dem Wegräumen der Tische. Das ist auch sehr wichtig, um zu zeigen, jetzt passiert etwas anderes als sonst. Es ist aber ganz klar, daß der Mensch sich nicht so einfach "umzappen" läßt wie ein Fernsehgerät. Gravierender als die "Tischbarrieren" sind nämlich die Denkschranken und Aktionshemmnisse in jedem einzelnen, die (Vor-) Urteile und Klischees sowie eine diffuse Angst vor dem Neuen und Unbekannten.

(Vor-) Urteile über das Theater und das Theater-machen
Die Vorstellungen zum Theater und dem Theaterspielen sind häufig klischeehaft und/oder verschwommen, geprägt von Erfahrungen aus der Kindheit. Im Gespräch werden Erinnerungen wach an meist monströs-pompöse Märchenaufführungen oder das Kasperletheater. Für viele gehört zum "richtigen Theaterspielen" das Nachspielen einer Textvorlage, das Rollenlernen, das Textaufsagen und das "auf einer (großen) Bühne stehen" - natürlich mit Vorhang.

> "Textlernen gehört eigentlich schon dazu, aber es soll nix schweres sein. So was wie Shakespeare oder so. Obwohl: das könnte ja vielleicht mal ganz interessant sein?!"
>
> "Ich will keine Texte auswendig lernen müssen, weil ich bald eine wichtige Prüfung habe."
>
> "Also, wenn wir nicht ein Stück spielen, dann ist das eigentlich kein Theater."

Erwartungshaltungen der SchülerInnen zum Theater (machen)

Was kann oder soll in einer Theaterwerkstatt passieren?

- *Spaß haben*

   "Spaß an der Sache bedeutet für mich, daß ich nicht das Gefühl habe, es würde nerven und anstrengen."

   Wieviel Ernst und Ernsthaftigkeit braucht die Theaterarbeit und wieviel "Spaß" verträgt eine Arbeit, die mehr will als Zeitvertreib oder Beschäftigungstherapie sein? Wieviel Anstrengung ist notwendig, wenn man etwas erfahren, erkennen, erlernen will? Die Arbeit mit sich selbst - wie anstrengend, lustig, spaßig ist sie?

- *Es soll lustig sein*

   Was ist für Sie lustig?

   "Alles. Alles ist eigentlich lustig. Ich bin von Natur aus ein lustiger Mensch! Ich kann über alles lachen. - Naja, nicht über alles, aber wenn die Doris (eine Klassenkameradin) ausrutscht und auf den Hintern fällt, dann find ich das lustig und muß lachen, wie die da so auf dem Boden sitzt."

- *sich unterhalten lassen*

- *"Ich laß mich überraschen." - "Ich hab keine Vorstellungen." - "Keine Ahnung?!" - "Mal gucken."*

- *mit dem Theater in eine andere Welt eintauchen*

   "Etwas ganz neues, anderes machen." - "In eine andere Rolle schlüpfen." - "Jemand anderer sein als man selber ist." - "Beim Theater will ich etwas machen, was nichts mit meinem Berufsalltag zu tun hat."

Zwar möchte man sich in einer anderen Situation ausprobieren, aber das Neue, Ungewohnte ist auch beängstigend. Man traut sich nicht, Gewohnheiten zu verlassen. "Ich schäme mich" steckt hinter vielem der Verhaltensweisen. Aber die Scham wird selten benannt. Meist zeigt sie sich nur in Form von Verweigerung: "Das kann ich nicht" oder "Mir fällt nichts ein". Oder: "So hab ich mir das aber nicht vorgestellt!" - "Das hat doch nichts mit Theater zu tun." - Man macht Übungen lächerlich, weil man sie aus Scham vielleicht wirklich als lächerlich empfindet: "Da komm ich mir albern vor."

Theater-machen ist immer ein Prozeß, der Fähigkeiten im Menschen wach macht, fördert, durch den der Einzelne für sich selber etwas mitnehmen kann, wenn er bereit ist zum Ausprobieren. D. h., wer sich nicht auf den ausgestapften Wegen bewegt, hat die Chance, etwas Neues, Ungewöhnliches zu erleben, zu erfahren. Andererseits: wer sich auf das Theater (spielen) einläßt, kommt um sich selber nicht herum.

- *Schlechte Erfahrungen*

    "Wenn ich an Theater denke, verbinde ich damit auch Angst. Ich habe beim Theaterspielen mal schlechte Erfahrungen gemacht, weil mich die anderen eigentlich damit verarschen wollten. Also, ich fühlte mich nachher verarscht."

Man wurde in Spielsituationen gedrängt, die man als bedrohlich erlebte, in denen man sich bloßgestellt fühlte. Theaterspielen nach dem Motto: man schickt einen anderen sozusagen in die "Hölle", um ihn dann zu fragen, wie er sich dort gefühlt habe, gehört nicht in eine Theaterarbeit, bei der Theater (-spielen) im Vordergrund steht.

- *ein Stück spielen - Etwas zu wichtigen Themen spielen,*
    z.B. zur Ausländerfeindlichkeit

Man hat verlernt zu spielen

Man hat verlernt zu spielen, heißt, man hat verlernt, Spielsituationen zu gestalten, Ideen zu haben und zu entfalten, umzusetzen (in welches Medium auch immer), denn die SchülerInnen sind aus ihrem Umfeld daran gewöhnt "zu funktionieren". Statt eigene Ideen zu entwickeln, wird vieles "nachgekaut" und aus der eigenen Leere kommt der Wunsch, sich Fertiges überzuziehen, wie ein vorgefertigtes Kleidungsstück von der Stange. Es fehlt die Lust am Fabulieren. Man kann sich nichts vorstellen oder das Vorgestellte kann man nicht darstellen. Ideen oder Kreativität kann man jedoch weder verordnen noch aufzwingen. Sie können nur entwickelt werden, wenn man dazu bereit ist.

Schwierigkeiten des Darstellens

"Ich kann einfach nicht das Verliebtsein spielen, weil ich das in diesem Moment gar nicht fühle."

Oder:

"Unmöglich, ich kann nicht über die Karin (eine Klassenkameradin) schlecht reden, wenn ich sie eigentlich gut leiden kann."

Die SpielerInnen können sich nur schwer in andere Situationen, Personen, Empfindungen, Räumlichkeiten hineindenken. Und dann ist man plötzlich auch noch mit sich selber konfrontiert (Selbstwahrnehmung): Auf einmal kann man nicht nur aus dem aktuellen Empfinden heraus agieren, sondern muß sich eine (Re-) Aktion bewußt machen und zeigen.

"Ich rede immer viel mit den Händen, aber jetzt, wenn ich so ganz bewußt etwas machen soll, da fällt mir partout nichts ein. Da bin ich wie blockiert, wenn ich's mir bewußt machen soll."

Der soziale Aspekt

Entscheidend für den Arbeitsprozeß ist die vorhandene Klassen- oder Gruppenstruktur, das Klima in der Klasse. Haben die SchülerInnen Vertrauen zu den MitschülerInnen? Fühlen sie sich angenommen oder ist man sich untereinander nicht "hold"? In einem mißtrauischen, feindseligen, durch Konkurrenz und Abneigung geprägten Klima ist natürlich niemand bereit, das Risiko des Sich-Zeigens im Spiel einzugehen.

Gibt es sogenannte "Zugpferde", die andere durch ihr Agieren ermutigen und/oder unterstützen? Gibt es in der Klassenstruktur anerkannte "Impulsgeber", deren Aktionen und Vorschläge von anderen an- bzw. aufgenommen werden? Gibt es Neidhammel, die hintenherum stänkern und aufwiegeln?

Wie man Barrieren "knacken" und Lust am Spielen und Entdecken wecken kann, dafür gibt es keine Rezepte. In der Anfangsphase sollte die gesamte Gruppe möglichst gemeinsam agieren ohne Bühne oder Forum, auf der sich einzelne darstellen. Fühlen sich die Spieler sicherer, weil sie z. B. wissen, was mit dem "Theater" auf sie zukommt, können Spielsituationen erprobt werden, in denen Spieler paarweise vor der Gruppe agieren - schließlich trauen sich auch Einzelne im Solo.

Eine grundlegende Herausforderung an jeden Spielleiter ist, die

Balance zwischen Vertrautem und der Hinführung zu Neuem zu finden. Vertraute Situationen sind dabei das Sprungbrett zu neuen Umsetzungen, zu Varianten.

3.1.3.3
Sylvia Schopf
Zwei Beispiele für Theaterwerkstatt-Stunden
3.1.3.3.1 Wie eine Handlungsfolge entstehen kann: Vom Kissen zur Putzfrau im Gericht

Nachdem in der letzten Theaterstunde alle engagiert teilnahmen und Aufführungswünsche äußerten, will ich dieses Mal mit einer offenen Improvisation beginnen, aus der sich Szenen entwickeln könnten.

Ausgangspunkt ist ein Stuhl mit einem Kissen: "Was machen wir damit? Was kann man damit machen? Was könnte es bedeuten?"

Die Lehrerin spricht das Kissen auf dem Stuhl an: "Hallo, guten Morgen. Na, wie geht's?" (usw.)

Meine Frage: "Was könnte noch passieren?"

Schweigen. Ich bitte eine Schülerin, einen weiteren Versuch zu wagen. Sie behauptet: "Mir fällt nichts ein. Außerdem hab´ ich keinen Bock." Mein Vorschlag: "Na, dann spielen Sie das." Schülerin: "Nee. Keine Lust."

Eine Schülerin zeigt eine Aktion mit dem Kissen: sie nimmt es und steckt es sich in den Rücken. Mehr fällt ihr im Moment nicht dazu ein.

Die nächste Schülerin stellt eine kurze Situation ohne Worte dar: Sie setzt sich auf das Kissen, spielt, daß es stachelig sei, nimmt es auf, klopft es aus und setzt sich erneut.

Ich frage: "Was wäre, wenn das Kissen, kein Kissen ist, sondern ein ...?"

Ein Schüler benutzt das Kissen als Zeitung.

Ich hake nach: "Um welche Art von Zeitung handelt es sich?"

Schüler: "Es ist das *Handelsblatt*. Das hat die Petra (Klassenkameradin) hier liegen lassen. Eigentlich sollte sie sich damit über die Börsenkurse informieren. - Naja, das Kissen könnte aber auch die Decke von 'nem Penner sein?!"

Ich möchte genauer wissen: "Wo befindet sich die Zeitung?"

Schüler: "Auf einer Parkbank." Er nimmt die "Zeitung", zerknüllt sie und wirft sie weg.

Ich frage nach dem Grund dafür.

Schüler: "Weil das ein ordentlicher Mensch ist."

Ich bitte ihn, seine Szene nochmals zu zeigen. Sein Einspruch: "Ich bin aber nicht ordentlich."

Ich erwidere: "Das brauchen Sie auch gar nicht sein. Sie stellen ja lediglich eine ordentliche Person dar. Darin liegt eine der Möglichkeiten des Theaterspielens: etwas auszuprobieren, was man selber nicht ist; etwas anderes zu tun als sonst.

Ich bitte ihn, die Situation nochmals zu spielen, aber dieses Mal mit Worten.

Schüler: "Aber da redet man doch nicht dabei."

Ich erkläre: "Das ist einer der Unterschiede zwischen dem Theatergeschehen und dem, wie es im Alltag passieren würde. Das Selbstgespräch, der Monolog, ist ein Stilmittel, eine Methode des Theaters. Sie könnten auch nur Töne von sich geben oder Sie sagen, was Sie sich über bzw. zu dieser Zeitung denken; wie sie auf die Bank kommt usw."

Widerwillig und mit aufmunternden Worten einer Klassenkameradin probiert er es erneut, holt sich den Papierkorb als Spielrequisit und spielt - auch mit Gesten zu anderen Klassenkameraden. Applaus!

Eine Variation: eine Schülerin spielt eine "ordentliche Figur". Sie will sich am Schmutz ereifern. Sie benutzt das Kissen als Putzlappen, den Papierkorb als Putzeimer.

Um der Figur auf die Sprünge zu helfen, frage ich sie, wo sie putzt, warum, was sie sich dabei denkt usw.

Es entsteht eine interessante Konstellation: Sie ist Putzfrau im Gericht, aber nur aushilfsweise. Sonst putzt sie zuhause. Und da ist weniger Dreck als hier im Gericht. Ich bitte auch sie, ihre Aktion zu wiederholen und die Sprache einzusetzen. Schülerin: "Fällt mir nix ein!"

Eine andere meint: "Die sagen ja auch nie was, die Putzfrauen im Gericht."

Ich schlage vor, diese Situation zu spielen.

Francesca ist die Putzfrau (ohne Worte) und eine andere Person kommt hinzu.

Ich will wissen: "Um wen handelt es sich?"

Schülerin: "Ich bin Richterin."

Die Putzfrau wischt mit ihrem Lappen den Boden, die Richterin nähert sich, grüßt, die Putzfrau wirft ihr nur einen abfälligen Blick zu. Die Richterin grüßt überdeutlich. Die Putzfrau hat wieder nur den abfälligen Seitenblick und widmet sich dann erneut ihrer Arbeit. Die Richterin mit großem Erkennen: "Ach so, Sie sind ja etwas Besseres als wir." Damit entfernt sich die Richterin.

Ein Handlungsansatz, aus dem einiges entstehen könnte: der Schmutz in den Gerichtsgängen, all die schmutzige Wäsche, die dort gewaschen wird, der Dreck, der hinterlassen wird - und den die Putzfrau wegwischen muß. Sie muß sich die Hände mit dem Dreck anderer schmutzig machen. Das Gericht als "Dreckküche", Schmutzhaufen, Schmuddelsaal usw.

3.1.3.3.2 Talkrunde zur Ausbildungssituation

Von den 14 SchülerInnen hat nur eine einzige die wichtigen Prüfungen bestanden. Die anderen sind durchgefallen. Die Stimmung ist gedrückt.

"Bitte nichts Anstrengendes", meinen die SchülerInnen und machen es sich mit ihren Pausenbroten bequem.

Ich schlage vor, daß wir uns zu einem Gespräch, zu einer "Talkrunde" zusammensetzen. Sofort kursieren Titel von TV-Sendungen wie "Der heiße Stuhl", "Einspruch" usw. Ein Themenvorschlag kommt von der Lehrerin: "Vor- und Nachteile der Ausbildung zur Justizangestellten".

Die Gruppe ist motiviert, rückt an einem großen Tisch zusammen und läßt sich auf die Rollenverteilung ein. Eine Schülerin übernimmt die Gesprächsleitung: Ansage und Moderation. Ich bitte jeweils zwei weitere Schülerinnen, die Pro- und Contra-Positionen zu übernehmen. Eine andere erklärt sich bereit, in der Rolle der Schülerin aus ihrer Ausbildungspraxis zu erzählen. Die Lehrerin übernimmt den Part des Gerichtsvorsitzenden. Ich spiele das fragende, kommentierende Publikum, um ggf. Impulse in die Runde werfen zu können.

Los geht's! Die "Moderatorin" nennt kurz die beteiligten Personen und die Diskussion beginnt. Die Pro-Frauen äußern sich zuerst und nennen als wichtigstes Argument die relativ sichere Arbeits- und Stellensituation. Und: "Es ist halt ein Beruf, in dem man sich nicht tot schaffen muß". - "Man kann auch mal 'ne ruhige Kugel schieben."

Die Contra-Stimmen wenden sofort ein, daß die Stellensituation überhaupt nicht rosig sei, im Gegenteil!

Die Lehrerin spielt den Schönwettermacher vom Amt.

Der "Moderatorin" entgleitet die Situation, je mehr sie betroffen ist und sich als Betroffene äußert und engagiert, desto persönlicher wird ihre Gesprächsführung. Sehr lebhaft erzählen die SchülerInnen von ihren Ausbildungserfahrungen, über die Langeweile an manchen Tagen, wenn nichts zu tun ist und man in der Registratur tagelang beim Kartenspielen oder Zeitungslesen, Zigarettenrauchen und Quatschen verbringt. Von der langweiligen Arbeit mit den Akten. Akten, Akten, Akten, da geht die Zeit nicht rum.

Sie berichten, daß ihre Fragen, wenn sie sich für eine Sache interessieren und mehr wissen wollen, nicht beantwortet werden. Man ist nicht interessiert, ihnen Hintergründe und Zusammenhänge zu erklären. Haben Sie Fragen, stehen sie oft vor Wänden, werden herumgereicht wie ein Aktenorder, von einer Abteilung zur anderen. Vieles, was sie eigentlich lernen sollten, lernen sie nicht, weil sie Handreicherdienste erledigen müssen. Sie werden zu reinen Funktionsteilchen degradiert. Sie beklagen das Desinteresse und die Gleichgültigkeit ihrer Ausbilder. Man läßt sie scheinbar liegen wie einen leidigen Fall.

Schülerin: "Ich hab mir das anders vorgestellt. Halt interessanter. Mehr Kontakt zu Leuten, Publikumsverkehr. Daß sie kommen und einen fragen."

Wieder andere haben keinen besseren Ausbildungsplatz bekommen und waren froh, wenigsten beim Gericht unterzukommen.

Schülerin: "Hört sich ja auch ganz gut an 'beim Gericht arbeiten'. Aber damit verbinden die Leute was anderes. Meine Mutter kommt z. B. zu mir und fragt mich dann was und da kann ich ihr nur sagen: 'Ja, das weiß ich nicht. Damit hab ich beim Gericht nix zu tun.' Dann meint sie: 'Wofür arbeitest du denn dort?!'"

Die Auszubildenden fühlen sich "hängengelassen" in ihrer Ausbildung.

Schüler: "Ich hab' viel gelernt, was ich gar nicht in meinem Beruf brauche. Und dann so viel trockenes Zeug."

Großen Unmut äußern fast alle SchülerInnen über das Fach *Steno*: "Es ist ein ausschlaggebendes Fach, dabei wird es im Beruf gar nicht mehr benutzt."

Die Rede kommt auf die Arbeit mit dem Computer: "Wir haben hier in der Schule am Computer gelernt. Aber der, mit dem wir im Gericht arbeiten, der wird ganz anders bedient. Die Einführung dort war gut, weil man damit konkret was anfangen konnte."

Mit Zwischenfragen hake ich mich immer wieder ein, frage nach, was man ihnen - ihrer Meinung nach - hätte beibringen müssen, fordere Konkretisierungen heraus. Abschließend schlage ich die Gestaltung einer kurzen Szenencollage vor, in der die Erfahrungen der Ausbildung (-ssituation) in Blitzlicht-Szenen umgesetzt werden sollen, so daß man einiges über die eigene Situation verdeutlichen kann. Die Lehrerin regt an, diese Szene den SchülerInnen des 2. Lehrjahres vorzuführen und dadurch mit ihnen in ein Gespräch zu kommen, um einen Erfahrungsaustausch herzustellen. Damit der Unmut nicht nur verpufft, sondern durch das Theaterspielen, mit den Mitteln des Theaters, eine positive Auseinandersetzung und Fortführung entsteht, biete ich als Szenenfolge an:

1) Die Erwartung oder wie man zum Beruf kommt - die Berufswahl

2) Die Ackerei im ersten Ausbildungsjahr: man wird mit Wissen vollgestopft

3) Erfahrungen mit dem Berufsalltag

4) Die Prüfung: zitternde Hände, Hände, die versagen, das Brett vorm Kopf.

3.2 Bildnerisches Gestalten
Doris Freise, Brigitte Gutwerk
Multimedia-Show

3.2.1 Idee und Entstehung des Projektes "Multimedia"

Seit 4 Jahren unterrichte ich an der Berufsfachschule in Offenbach Klassen, die nach dem 9. Schuljahr mit dem Hauptschulabschluß zu uns kommen. Schüler, die diese Schulform besuchen, möchten in zwei weiteren Schuljahren ihren Mittleren Bildungsabschluß erreichen.

In fast allen Fächern werden Inhalte mit wirtschaftlichen Schwerpunkten vermittelt. Ziel dieser schulischen Ausbildung ist es, den jungen Menschen einen groben Überblick in die Themen- und Arbeitsbereiche der Wirtschaft zu ermöglichen. Sie sollen in dieser Zeit für sich eine Entscheidung für eine Ausbildung im wirtschaftlichen Sektor treffen oder - was natürlich auch vorkommt - feststellen, daß eine zukünftige berufliche Laufbahn in dieser Fachrichtung für sie nicht in Frage kommt.

Während der zwei Jahre befinden sich die Schüler in einer besonders schwierigen Entwicklungsstufe. Sie erfahren die Veränderungen vom Jugendlichen zum Erwachsenen, sie lösen sich langsam vom Elternhaus, gehen z. T. schon sehr feste partnerschaftliche Beziehungen ein oder Partnerschaften, die schon lange bestehen, lösen sich in dieser Entwicklungsstufe auf. Wir erleben in zunehmenden Maße, daß der Gebrauch von Drogen in die Schulen hereingetragen wird. In einzelnen Fällen haben wir es mit jungen Menschen zu tun, die in die Kriminalität abrutschen, die ein äußerst aggressives Verhalten zeigen und zur Gewalttätigkeit neigen.

In dieser schwierigen Lebensphase suchen die jungen Menschen neue Ideen und Anregungen für die Gestaltung ihres zukünftigen Lebensweges. Wir sollten versuchen, sie dabei zu unterstützen, ihnen Möglichkeiten anbieten, sich selber zu entdecken, ihre schöpferischen Fähigkeiten zu entwickeln und die Kreativität des einzelnen zu fördern. Damit sich die Schüler frei entfalten können, wäre es sinnvoll, eine Benotung - wie in anderen Fächern üblich - wegfallen zu lassen.

Im letzten Jahr hatte ich eine Klassenführung in der Klasse BFS 9a übernommen. Probleme, wie aggressives Verhalten der Schüler, mangelndes Interesse an der Klassengemeinschaft und an gemeinschaftlichen Veranstaltungen prägten die Struktur dieser Gruppe. Meine Idee war, den Schülern ein Projekt anzubieten, das den Gruppenzusammenhalt fördern und die Außenseiter in der Klasse stärker integrieren würde.

Diese Gedanken haben mein Interesse an einem Theaterprojekt geweckt. Ich war der Meinung, daß alle Schüler in der Klasse dadurch angesprochen würden und damit aus dem täglichen Schulstreß ein wenig herausgerissen werden könnten. Ich hoffte, daß durch neue Möglichkeiten der Gestaltung, die ein solches Projekt bietet, die Spannungen innerhalb der Gruppe aufgefangen werden könnten.

3.2.2 Was ist eine Multimediashow?

Der Begriff "Medium" bezeichnet im Grunde jedes Medium, das der Kommunikation und Publikation dient, wie Presse, Funk, Fernsehen, Telefon usw.

Sieht man im Fernsehen nur Nachrichten, wird man von einer Reihe Informationen und Bildern überflutet. Oder in Kaufhäusern sieht man sich einer Fülle von Reizen für Auge und Ohr ausgesetzt. Was geschieht da mit uns? Verfallen wir nicht in eine Art Betäubung? Werden wir nicht unempfindlich bzw. gleichgültig den Sinneseindrücken gegenüber? Die Multimedia-Show thematisiert die Reiz- und Informationsüberflutung durch die Medien und will in Form einer übersteigerten Darstellung dieses Phänomen bewußt machen. Die Medien, wie z. B. Film, Foto, Sandwich-Dia, Tanz und Musik, werden hierbei collageartig zusammengeführt.

Eine Multimediashow kann somit als eine Art Vorführung, Inszenierung beschrieben werden, in der die Wirkung und der künstlerische Ausdruck auf der Mischung einer Vielzahl von visuellen, akustischen und audio-visuellen Medien aufbaut. Tragend ist hierbei auch der Anspruch der Aufhebung der Gattungsgrenzen in der Kunst und die Diskrepanz zwischen Kunst und Leben. Diese Diskrepanz vermitteln, wie in der später zu sehenden Aufzeichnung der Show deutlich wird, die Musik und der Tanz der Jugendlichen. Bewußt wurde hier eine spezifische Form ihrer Subkultur mit einbezogen.

Innerhalb des Projekts war es den Schülern möglich, Erfahrungen mit verschiedenen Medien und Techniken zu sammeln und mit ihnen zu experimentieren.

Hierzu gehörten farbige, selbst gestaltete Dias, Experimente mit dem Medium Fotografie, Körperarbeit, Maskenherstellung und Spiel, Schattentanz und Videofilm. Dies alles waren die Angebote aus denen sich, aufeinander aufbauend, die Multimediashow entwickeln sollte.

Meine Intention war es unter anderem, den Schülern die Möglichkeit zu geben, sich selbst darzustellen und ihr Lebensgefühl zum Ausdruck zu bringen.

3.2.3 Aufbau und Verlauf des Projektes

Nachdem der Ablauf des Projektes kurz vorgestellt wurde, begannen wir Sandwich-Art-Dias herzustellen. Dies ist eines der freien Verfahren, bei dem man mit dem Träger, einem Glasdiarahmen, und verschiedenen Materialien wie Tusche, Klebstoff, Federn, Folie, Samenkörner etc. - im Grunde mit allem, was flach ist und zwischen zwei kleine Glasplatten paßt - experimentieren kann. Die Sandwich-Dias sollten uns später, vielfach vergrößert, für unsere Schattentanzszenen als farbige Lichtquelle dienen.

Bemerkenswert war zu Beginn der ersten Stunde, daß die Schüler zunächst dem Projekt sehr kritisch gegenüberstanden. Äußerungen wie: "Warum sollen wir an einem Unterricht teilnehmen, der nicht benotet wird?" oder "Wieso sollen wir denn jetzt basteln? Das ist doch was für kleine Kinder!" wiesen auf die Verunsicherung der Gruppe hin. Sie wußten nicht, was auf sie zukommen würde. Als sie sich dann dennoch auf die Herstellung eines Sandwich-Dias einließen, war plötzlich - als sie sahen, welche Kunstwerke sie geschaffen hatten - die anfängliche Ablehnung in Faszination und Begeisterung umgeschlagen. Sie zeigten sich - nicht ohne Stolz - gegenseitig ihre Arbeiten und entwarfen mit Eifer weitere Dias.

In der darauffolgenden Stunde sollten zu den auf eine große Leinwand projizierten Dias Schattenszenen entwickelt werden. Den Anfang bildete aber zunächst ein Kennenlernspiel, bei dem ein Hut von SchülerIn zu SchülerIn weitergegeben wurde. Der jeweilige Träger wurde dadurch aufgefordert, eine Lügengeschichte zu erzählen, bei der nur der Name der Wahrheit entsprechen mußte. Sie konnten sich selbst neu erfinden und dabei entweder Mensch, Tier oder Gegenstand sein.

Es folgten Bewegungs- und Improvisationsübungen, die die Gruppe zu kurzen Szenen hinter der Leinwand inspirieren sollten.

Durch Isolationsübungen, Bewegungen paarweise durch den

Raum mit der Aufgabe im labilen Gleichgewicht, z. B. Rücken an Rücken oder Schulter an Schulter mit verschränkten Beinen, sollte das Aufeinanderangewiesensein vermittelt werden.

Weitere Übungen waren z. B. Spiegelübungen, Marionettenübungen, Frage-Antwort-Spiele, Bildhauerübungen, um nur einige Beispiele zu nennen.

Hinter all diesen Übungen stand die Intention, die verkümmerten bzw. nicht bewußten Kommunikationskräfte des Körpers einzusetzen, zu entwickeln und sie zu der anschließenden Improvisation hinter der Schattenwand anzuregen. Die Schüler mußten hierbei aufeinander achten und eingehen.

In Gruppen von zwei bis vier Schülern war geplant, kurze Schattenszenen zu entwickeln. Die anschließende Aufführung, bei der jede Gruppe ihr Ergebnis vorstellte, war aber, da die Schüler den Wunsch geäußert hatten, ihre Improvisationen zu Musik zu machen, mehr durch den Schattentanz als durch das Schattentheater geprägt.

Diese Stunde hatte allen Beteiligten sehr viel Spaß gemacht. Die Musik als Träger der Bewegung, des Lebensgefühls, ist gerade bei Jugendlichen sehr ausgeprägt. Es war immer wieder interessant zu beobachten, wie ansonsten eher zurückhaltende SchülerInnen auftauten und begannen, langsam aus sich herauszugehen.

In der folgenden Stunde ging es um Selbstdarstellung mit dem Medium Fotografie. Die Aufgabe für zu Hause war, einen Gegenstand oder ein Kleidungsstück mitzubringen, das charakteristisch für den/die einzelne(n) SchülerIn ist.

Das Thema der Stunde lautete: "Wie sehe ich mich? Wie sehe ich andere?" Dabei waren auch Experimente mit Licht und Schatten vorgesehen.

Ein Fundus von allerlei Requisiten wie Schminke, Kleidungsstücken und Gegenständen sollte die Schüler dazu anregen, sich selbst, aber auch gegenseitig, damit auszustatten, sich zu positionieren und zu fotografieren.

Möglich war es ebenso, ein Körperteil, wie z. B. Mund, Auge, Füße, Hände, ganz groß zu fotografieren. Neben der Vergrößerung konnte auch Unschärfe als Mittel eingesetzt werden, ebenso wie die Verfremdung durch Licht und Schatten. Hierfür verwendeten wir erneut Glasdias. Diesmal aber wurden die Glasträger mit grobem Gardinenstoff, Zucker, Gewürzen, Federn oder Tee versehen und anschließend auf Gesicht und Körper projiziert.

Die Sandwich-Dias wie auch die Schwarz-Weiß-Negative sollten dazu dienen, abwechselnd, aber auch gleichzeitig, auf mehrere Leinwände projiziert zu werden. Davor und dahinter sollten sich die Schattentanzszenen abspielen.

Das Thema "Wie sehe ich mich?" wurde bevorzugt aufgegriffen, häufiger als das Thema "Wie sehe ich den/die anderen?" Dadurch sind mehr Selbstdarstellungen entstanden und somit auch in der Show zu sehen.

Für die Inszenierung der Tanzszenen war ursprünglich der Einsatz von Masken geplant. Dafür hatten wir in mehreren Stunden Masken hergestellt, die für die Schattenszenen vor und hinter der Leinwand vorgesehen waren. In der später zu sehenden Aufführung fehlen sie jedoch gänzlich, da sie sich in der weiteren Entwicklung der Multimedia-Show nur bedingt einsetzen ließen.

Im Hinblick auf die bevorstehende Projektwoche und die Feierlichkeiten zum 110jährigen Bestehen der Theodor-Heuss-Schule wurden uns noch weitere Stunden bewilligt. Damit konnten wir nun unser ursprüngliches Vorhaben, einen Videofilm zu drehen, realisieren.

Der Film sollte am ersten Tag der Projektwoche gedreht werden, doch zuvor sollte sich die Gruppe noch auf ein Thema einigen und ein Drehbuch schreiben. Geplant war, die Klasse in Arbeitsgruppen aufzuteilen, wobei jede Gruppe sich eine kurze, ca. drei Minuten lange Handlung ausdenken und vorbereiten sollte.

Durch das anschließende Schneiden des Films sollten die verschiedenen Handlungsabläufe später zusammenmontiert und miteinander kombiniert werden.

Als Einleitung und Hinführung war die Auseinandersetzung mit den Inhalten und Ausdrucksformen des Dadaismus sowie des Surrealismus - insbesondere des surrealistischen Films, am Beispiel von Luis Bunuel - geplant. Die Thematisierung des Dadaismus begleiteten dadaistische Aktionen, Lautgedichte und Dadatexte, die von SchülerInnen, die sich vor der Stunde dazu bereit erklärt hatten, vorgetragen wurden.

Geplant war, in einer späteren Stunde, die SchülerInnen selbst solche Texte verfassen zu lassen, indem sie aus Zeitungen verschiedene Worte ausschneiden und in dadaistischer Manier zu einem Gedicht zusammenstellen. Diese Gedichte sollten in die Multimedia-Show einbezogen und von SchülerInnen verlesen werden.

Während des Abschnitts des Surrealismus hingegen arbeiteten wir vor allem mit unserer Vorstellungskraft. Die Erforschung des

Unterbewußten, die Niederschrift von Träumen und Halluzinationen stand im Mittelpunkt surrealistischer Aktivitäten. Angeregt durch die zu Beginn des Jahrhunderts von Sigmund Freud entwickelte Psychoanalyse experimentierten die Surrealisten mit Methoden der Bewußtseinserweiterung. Drogen und Hypnose provozierten Trancezustände und Assoziationen, die spontan protokolliert wurden. Ohne künstlerische Ambitionen und regulierenden Stilwillen wurden Bilderfluten automatisch zu Papier gebracht. So entstanden Denk-Diktate aus dem Unterbewußten, die keiner ästhetischen Kontrolle mehr unterlagen.

Ein Film von Luis Buñuel und Salvador Dali "Un chien andalou" sollte die Vorgehensweise der Surrealisten verdeutlichen. "Der andalusische Hund" ist ein Klassiker der Stummfilm-Ära und gilt als Höhepunkt des surrealistischen Films in den 20er Jahren. Absichtlich wird in diesem Film mit allen Sehgewohnheiten gebrochen. Die Suche nach heftigen und verblüffenden Effekten steht im Vordergrund. Dinge werden aus ihrer gewohnten Umgebung gerissen und in neue provozierende Zusammenhänge gebracht.

Hinter diesem kunstgeschichtlichen Ausflug stand die Intention, die Klasse auch einmal mit Ansätzen aus der klassischen Moderne zu konfrontieren, weniger im kunstwissenschaftlichen Sinne, sondern mehr als Beispiel, das sie für ihr Drehbuch inspirieren und freier machen sollte.

So regte ich anhand von Beispielen an, alltägliche Dinge in einem anderen Zusammenhang, an ungewöhnlichen Plätzen, mit ungewöhnlichen Handlungen zu kombinieren, die den Sehgewohnheiten widersprechen. Die SchülerInnen sollten ihrer Phantasie freien Lauf lassen. Unser nächstes Treffen fand unvorhersehbarerweise erst drei Wochen später statt. Der Anregung, daß sich die einzelnen Arbeitsgruppen während dieser Zeit in ihrer Freizeit treffen, um eine kurze Handlung zu entwerfen, sind die SchülerInnen - was zu erwarten war - nicht nachgekommen. Die Diskrepanz zwischen meinen eigenen Vorstellungen und denen der Schüler wurde in der darauffolgenden Stunde deutlich. Zum einen war von den Anregungen nicht mehr viel haften geblieben und zum anderen mußte ich feststellen, daß sich anhand der kunstgeschichtlichen Beispiele nur schwer ein Bogen schlagen ließ zu den Interessen der SchülerInnen. Ihr Interesse war viel konkreter, viel näher an der eigenen Person. Meine Anregungen waren ihnen zu abstrakt. Es mußte ein anderer "Mittler" gefunden werden, der zu einer Handlung für unser Drehbuch inspirieren konnte. Aus den Erfahrungen der letzten Improvisationsphase hinter der Leinwand konnte dieses Medium nur die Musik sein. Musik und Tanz haben - wie schon erwähnt - einen sehr hohen Stellenwert bei den Jugendlichen.

Wir legten nach einigen Diskussionen zwei Musikstücke fest und sammelten in der Gruppe Assoziationen hierzu. Mögliche Handlungen, die die Schüler vorschlugen, bewegten sich im Beziehungsbereich: Liebe, Drama, Wahnsinn und Versöhnung. Aber auch diese eher ins Klischeehafte abrutschenden Handlungen waren zu kompliziert, für einen Stummfilm wenig geeignet und paßten so recht nicht in das Konzept der Multimedia-Show. Der Zeitpunkt des festgelegten Drehtermins rückte immer näher. Aus Zeitgründen war es deshalb unmöglich geworden, ein Drehbuch zu verfassen. Daher einigten wir uns auf die einfachste Form der filmischen Gestaltung, eine Art Musik-Videoclip. Hier konnten spontan tänzerische Szenen und Handlungen zur Musik gefilmt und durch die spätere Montage zusammengefügt werden.

Zum Drehtermin - es war der erste von insgesamt fünf Projekttagen (13. - 17. Juni 1994) - trafen wir uns im Büsingpark in der Innenstadt von Offenbach und begannen von dort aus, an verschiedenen Plätzen unsere Tanzszenen nach der ausgewählten Musik zu filmen. Zwei Schüler übernahmen den größten Teil des Drehens. Die DarstellerInnen dachten sich spontane - durch die Musik inspirierte - Bewegungen und Aktionen aus.

Der darauffolgende Tag war für das Schneiden und Montieren des Films vorgesehen. In den nächsten drei Projekttagen wurde an der Abstimmung von Musik, Film, Dias und an der Choreographie des Schattentanzes gearbeitet. Jeder hatte einen festgelegten Part innerhalb der Gestaltung und war dafür verantwortlich.

Das Projekt endete mit der Aufführung am 17. Juni 1994 in der Jahn-Sport-Halle zum 110jährigen Bestehen der Theodor-Heuss-Schule. Je näher die Stunde des Auftritts rückte, desto angespannter wurde die Stimmung in der Gruppe; aber um so glücklicher und gelöster waren die Schüler danach. Für die Gruppe war diese Aufführung sehr wichtig, sie konnten endlich zeigen, was sie erarbeitet hatten und erhielten dafür Bestätigung, ihr Selbstwertgefühl wurde gestärkt.

3.2.4 Einschätzung des Projekts im Rückblick

Zurückblickend war das Projekt "Multimedia-Show" eine ungewisse Reise, auf die wir uns begaben, bei der das Ziel von der Motivation der Gruppe und ihrer aktiven Mitarbeit, von den Ergebnissen der einzelnen Arbeitsabschnitte und von der uns zur Verfügung stehenden Zeit abhing. Ursprünglich wurde für die Multimediashow ein Zeitraum von neun Terminen bewilligt. Insgesamt trafen wir uns sechsmal, da der Effektivität und Konzentration wegen für einige Treffen drei Zeitstunden hintereinander gelegt wurden. Die Unklarheit, ob nach Ablauf der festgelegten Stundenzahl die Arbeit an der Multimediashow abgebrochen werden müßte oder dennoch eine Weiterführung in der bevorstehenden Projektwoche bewilligt werden würde, erschwerte die Planung und beeinträchtigte außerdem die Motivation der Gruppe. Wäre dies schon früher ersichtlich gewesen, hätte man ganz anders planen können.

Die Projektwoche war, durch die intensive Auseinandersetzung mit dem Thema, der anstrengenste, aber auch lebendigste Abschnitt, da wir jeden Tag zusammenarbeiten und uns ganz auf die Endgestaltung konzentrieren konnten.

Die Musik ist ein tragender Faktor der Show. Das Hören von Musik, das Sehen von Videoclips ist etwas, das zum Alltag der Jugendlichen gehört. Musik ist ein Träger von Emotionen und spiegelt in jeder Generation das Lebensgefühl wieder. In der Bewegung zeigt jeder ein Stück von sich, einige verbergen sich während der Show meist hinter der Leinwand, andere waren mutiger und tanzten als lebende Leinwände davor. Der Tanz ist dem in Musikclips zu sehenden Tanzbewegungen ähnlich: verführerisch, wild, rhythmisch.

Mein Eindruck im Verlaufe des Projektes war, daß sich die SchülerInnen, z. B. durch die verschiedenen Improvisationsübungen, in dieser Zeit näherkamen. Da sie während der Proben aufeinander angewiesen waren, wurden bestehende Konflikte und Probleme in der Klasse deutlicher, konnten ausgelebt und z. T. auch gelöst werden. Die Klassengemeinschaft wurde so gestärkt.

Bei der Ausübung von verschiedenen handwerklichen Tätigkeiten, z. B. das Anfertigen der Sandwich-Dias oder das Erstellen der Masken, fiel mir auf, daß SchülerInnen mit sehr schwachen schulischen Leistungen, hier besonders eifrig und erfolgreich mitarbeiteten.

Eine Umfrage in der Klasse am Ende des Projektes ergab überwiegend positive Aussagen wie: "Ich fand das Projekt gut." Leider waren nur vereinzelt Begründungen dafür zu finden. Beispiele sind: "..., weil es mal etwas anderes war als das, was wir in den anderen Fächern machen." oder "..., weil wir keine Noten bekommen." oder "..., weil wir Freiheit hatten."

Aus dieser Erfahrung heraus erscheint es mir notwendig, daß gerade in den äußerst problematischen Schulklassen - dazu zähle ich auf jeden Fall die Zweijährige Berufsfachschule - zusätzliche regelmäige Unterrichtsstunden geschaffen werden. Hier sollten Projekte mit künstlerischen Inhalten stattfinden - wie z. B. die Multimedia-Show -, die hauptsächlich das Sozialverhalten und auch die Persönlichkeitsentwicklung fördern. Denn die körperlichen und geistigen Fähigkeiten der Jugendlichen, die durch die "faszinierende Medienwelt", wie z. B. Fernsehen, Videofilm und -spiele, langsam verkümmern, müssen reaktiviert werden!

Natürlich ist es den FachlehrerInnen nicht möglich, eine solche Aufgabe ohne Hilfe von außen zu bewerkstelligen, da sie für diesen Bereich nicht ausgebildet sind. Für jeden, der sich auf ein solches Projekt einläßt, ist viel Idealismus und Eigeninitiative nötig. Es ist daher wünschenswert, wenn Lehrkräfte aus dem künstlerischen Bereich zusammen mit den FachlehrerInnen die Planung und Durchführung dieser Unterrichtseinheiten übernehmen würden.

Durch künstlerische Angebote, wie z. B. Tanz, Theater, Musik, Malerei usw., können schlummernde Fähigkeiten geweckt werden und damit vielen vereinsamten, von der Welt enttäuschten jungen Menschen, neuen Mut und Ansätze für einen "individuellen Lebensweg" geben.

Die Multimedia-Show wurde mit Video aufgezeichnet und im Anschluß an diesen Vortrag gezeigt.

3.3 Plastisches Gestalten
Eva Bauhoff, Maria Czaja, Klaus Denfeld
Arbeiten mit Ton und Speckstein

Es wird eine Auswahl von Schülerarbeiten auf einem Tisch auf der Bühne präsentiert. Herr Denfeld, der Lehrer, und die beiden Schülerinnen Eva Bauhoff und Maria Czaja erzählen dazu.

Denfeld: "Wir haben an der Theodor-Heuss-Schule in verschiedenen Klassen mit Ton, Speckstein und Ytong-Stein gearbeitet. Die folgenden Ausführungen beziehen sich auf die Arbeit in Rechtsanwalts- und Notariatsklassen.

Wir mußten zunächst einmal eine Klasse finden, die die Zeit und die Lust hatte, an so einem Projekt mitzumachen. Ein Problem besteht darin: Je näher es auf die Prüfung zugeht, desto größer wird das Interesse an dieser, als das ein Freiraum genutzt wird. Deshalb haben wir uns darauf beschränkt, die musisch-kulturellen Angebote im zweiten Ausbildungsjahr zu machen und das dritte, das auf die Abschlußprüfung zugeht, herausgelassen. Dann habe ich mit Mühe und Not Klassen gefunden, die bereit waren, sich auf dieses Experiment einzulassen. Die Schulleitung ermöglichte es, daß wir verschiedene Unterrichtsstunden zu Doppelstunden blocken konnten. Es waren meist Deutsch-, Politik- oder Religionsstunden. Wir organisierten es so, daß in einem Halbjahr die Doppelstunde stattfand und im folgenden Halbjahr die Stunden entfielen. Wir haben es so in zwei Parallelklassen ausprobiert.

Nächster Punkt war die Frage nach dem Thema, das bearbeitet werden sollte. Es gab in den Klassen dann Diskussionen darüber. Wir haben uns auf zwei Angebote geeinigt, weil man in einem Halbjahr nicht fünf verschiedene Sachen machen kann. Wir versuchten es also mal mit "Plastischem Gestalten" und wenn wir noch Zeit hätten, wollten wir uns noch etwas mit "Malerei" beschäftigen. Aber die Zeit reichte nur für das erste Angebot.

Die nächste Frage betraf die Anleitung: Wer von der Jugendkunstschule ist bereit uns zu unterweisen? Ich selbst hatte so Sachen noch nie gemacht und hatte bis dahin keine Ahnung davon. Mittlerweile bin ich aber in der Lage, Ton und Speckstein im Anfängerstadium zu bearbeiten. Die Siggi Simon hat uns praktisch, künstlerisch angeleitet und gezeigt, was man mit diesen Materialien überhaupt machen kann. Es konnte also los gehen.

In der ersten Stunde verdunkelten wir den Saal komplett. Aufgabe war, mit bloßen Händen ein Gesicht oder etwas anderes aus Ton zu modellieren. Es ging darum, erst einmal eine sinnliche Erfahrung mit dem Material zu bekommen. Es war schon interessant, weil man sich mit einem Material vertraut machen mußte, mit dem man sonst nichts zu tun hat. Die Arbeiten waren sehr ausdrucksstark. Leider haben wir keine Beispiele hierfür, weil sich niemand bereit fand, diese etwas skurrilen Gebilde vorzuzeigen. Sie sind zu privat.

Es folgte eine Aufzählung, was man alles aus Ton herstellen kann, bzw. welche anderen Materialien noch zur Wahl stehen. Es war für die einzelnen Schülerinnen der Freiraum da, sich nach den eigenen Interessen etwas herauszusuchen. Wir haben also kein Thema vorgegeben, das für die ganze Klasse maßgeblich war, z. B. Aschenbecher in Serie herzustellen oder Skulpturen in Serie. Einige haben mit einer einfachen Technik, der Plattentechnik, z. B. Vasen oder Namensschilder, die entsprechend glasiert wurden, produziert. Es wurden aber auch filigranere Sachen gemacht, z. B. kleine Vögelchen oder Kerzenständer modelliert.

Es gab des weiteren Arbeiten mit Speckstein, einem völlig anderen Material. Diese Arbeiten gingen häufig auch ins abstrakte. Sie sehen hier einen rosafarbenen Stein. Es war einfach irgendetwas vor einem. Er war sehr grob, er mußte erst einmal in eine Form gebracht werden. Die Schülerin hatte einfach mal angefangen und sich überraschen lassen, was sich daraus entwickelte. Zum Schluß kamen wir auf die Idee, weil der Stein nicht stand, ein Loch hineinzubohren und ihn auf ein gestrichenes Holzbrett als Sockelplatte zu montieren. Das kann jetzt eine Flamme sein, das kann ein Busch sein, das kann irgendetwas sein. Es muß ja auch nichts Konkretes darstellen. Es kann, wie in diesem Fall, auch einfach in sich schön sein. Es kann aber auch etwas ganz Konkretes sein. Eine andere Schülerin hat diese Muschel herausgearbeitet. Sie hat wirklich wochenlang daran gearbeitet, weil sie etwas Gegenständliches haben wollte. Sie konnte sich nicht mit einer abstrakten oder nicht konkret gegenständlichen Darstellungsweise zurecht finden: 'Ich will eine Sache machen, von der ich weiß, was es sein soll, und nicht, daß irgendetwas hineininterpretiert wird. Es soll einen Bezug zu mir haben.' Für ein weiteres Beispiel diente eine Tätowierung als Vorlage, eine Schlange. Eine sehr filigrane und arbeitsintensive Arbeit. Sie sehen, es gab die

Möglichkeit mit sehr verschiedenen Dingen parallel zu arbeiten.
Ein weiterer Vorteil war, daß wir zu zweit waren. Aufgrund der Fülle gleichzeitig entstehender Arbeiten wurden nämlich auch unterschiedliche Ratschläge oder Hilfeleistungen benötigt. Ich konnte dann bei grobmotorischen Dingen weiterhelfen. Erst beim zweiten Kurs konnte ich auch faktisch konkrete Hilfe bieten.

Am Semesterende konnten Schülerinnenarbeiten auf der Semesterausstellung der Jugendkunstschule mit ausgestellt werden. Die Schülerinnen waren auch sehr stolz, daß ihre Arbeiten öffentlich präsentiert wurden."

Bauhoff: "Ich wollte ursprünglich mit Ton und Speckstein arbeiten, aber dann bin ich doch beim Ton geblieben. Es fing so an, daß es hieß, macht mal, was ihr wollt. Da sitzt man dann vor einem Klumpen Ton und denkt: 'Was mach' ich da jetzt draus?' Ich habe mit irgendwelchen kleinen Tieren angefangen, anschließend mal eine Vase gemacht. In der Grundschule war das doof, da mußte man Aschenbecher machen und brauchte sie nicht. Also, jetzt haben sie auch ihren Zweck, wenn wir sie gemacht haben.

Zuerst wollte niemand etwas für die Ausstellung hergeben, weil dann die Leute sagen: 'Was soll denn das sein?' und die anderen arbeiten schon viel länger mit Ton ... Wir haben uns dann aber doch von Arbeiten aus der Kunstgeschichte inspirieren lassen. Ich habe zwei Masken gemacht: eine Indianermaske, bei der leider die Haare nach dem Glasurbrand blau waren, weil wir die falschen Glasuren genommen haben. Die wollte ich dann nicht mehr zeigen. Das passiert eben mal, das sind eben die Anfängerschwierigkeiten.

Die anderen Schülerinnen waren auch mit Eifer bei der Sache. Am Anfang hieß es noch: 'Dreckige Hände, dreckige Klamotten. Wo sind wir denn hier? Wir arbeiten doch bei einem Anwalt! Was soll das?' Nach und nach wurde da richtig schön gematscht und gepantscht. Jede hat auch so ihre Stilrichtung gefunden. Eine Mitschülerin hat immer so futuristische Tierchen gemacht - wir können leider keins zeigen, weil sie letzte Woche krank war -, eine Mischung aus E.T., Marsmensch und irgendetwas. Eine andere hat immer häßliche Vögel gemacht. Ich fand sie häßlich, sie fand sie schön. Dann wurden auch Handmodelle aus Ton gemacht, was später einmal in Stein gestaltet werden sollte. Der Ton hat den Vorteil, daß man wieder von vorne anfangen kann oder etwas ausprobieren kann. Beim Stein ist es eben so, wenn man einmal falsch zugeschlagen hat, dann kann man kaum noch etwas korrigieren. Für die Ausstellung wurden doch viele Sachen gemacht."

Czaja: "Ich habe mich mehr für die Specksteinarbeiten interessiert, weil ich nicht so gerne pantsche. Hauptsächlich wurden da Wellen oder Flammen gemacht. Meistens haben wir die Grundform des Steins beibehalten, an ihr herumgefeilt und ihn später poliert. Hier sehen Sie z. B. eine Ytong-Arbeit: Sie soll eine männliche Büste darstellen. Daran wurde sehr lange gearbeitet bis zu ihrer Vollendung. Anregungen für Themen bekamen wir häufig aus Bildbänden. Von der Siggi bekamen wir auch Tips, wenn etwas schief gegangen ist. Aus kleinen Abfallstücken haben wir z. B. Anhänger gemacht."

Denfeld: "Wir haben noch drei grundsätzliche Punkte zu unserer Arbeit, die wir gerne los werden möchten:

Erstens zur Rolle des Faches musisch-kulturelle Bildung oder hier Plastisches Gestalten im Rahmen unserer Berufsschule, zweitens zur Zielsetzung und den Ergebnissen des Faches und drittens zur Rolle einer fachgerechten Betreuung durch außerschulische Experten."

Czaja: "Ich fand gut, daß man sich in den Stunden entspannen konnte. Schlecht war, wenn anschließend noch eine Klassenarbeit geschrieben wurde. Ich persönlich habe mich dann geärgert und hätte lieber die zwei Stunden zum Lernen genutzt."

Bauhoff: "Bei mir war das auch so. Es ist einfach so, wenn man so seine acht Stunden abreißt, und es war auch noch der Freitag bei uns, die Woche also fast vorbei war, also acht Stunden, wie ein Filter im Hals, immer Wissen rein, Wissen rein, mir hat das immer gut getan, selbst wenn wir in der siebten oder achten Stunden noch eine Arbeit geschrieben haben. Es war dann auch so, daß wir von Herrn Denfeld ein paar Minuten Zeit bekommen haben, unseren Stoff noch einmal anzuschauen und waren so eigentlich sogar noch besser vorbereitet. Also, direkt für die Lehre bringt so ein Fach natürlich nichts, aber so konnte jeder mal etwas produzieren, mal etwas eigenes machen, sonst bekommen wir den ganzen Tag immer nur zu hören: 'Machen Sie das ...! Machen Sie jenes ...!' Dann konnte man mal sagen, ich mache jetzt dies oder jenes. Das war schon eine Abwechslung."

Denfeld: Was man natürlich sehen muß, es wurde gerade gesagt: Es war Freitag, irgendwie 5., 6. Stunde und dann kam noch eine 7. und 8. hintendran. Wer als Lehrer oder Lehrerin freitags schon einmal unterrichtet hat, weiß, wie stark die Motivationskurve dann nach oben schnellt. Daß so ein Fach natürlich auch einen Entspannungscharakter hat, ist ganz klar. Wir haben daran auch nicht gerüttelt, auch wenn jetzt unser Schulleiter skeptisch guckt, um diese Tatsache jetzt irgendwie zu verändern. Das war so und fertig aus. Und wenn jetzt eine Schülerin gesagt hat: 'Mir geht es nicht so gut heute.' oder 'Ich mache nichts.' Dann hat sie halt zwei Stunden nichts gemacht. Zumal man das jetzt auch nicht so kontrollieren konnte, z.B. konkret, ich sag jetzt mal, Produktivitätsfortschritte bei einem Werk. Ich behaupte einmal, wenn eine handwerklich sehr begabt ist, die zaubert meinentwegen diesen Vogel binnen eineinhalb Stunden hin und jemand, der etwas dickere Finger hat, wie ich, der sitzt da drei Wochen dran. Wo will man da feststellen, ob eine schnell oder langsam arbeitet?

Eine zweite Sache ist, und das taucht bei dem Fach ganz stark auf, das muß man in aller Deutlichkeit sagen, was macht man mit Auszubildenden, die von vorne herein blocken? Die von vorne herein sagen: 'Das ist nicht mein Ding? Das mache ich nicht.' Ich hatte ganz am Anfang gesagt, wir mußten uns auf einen Kompromiß einigen innerhalb der Gruppe. Wir können nur eine Sache, maximal zwei Sachen machen und können nicht fünf Sachen anbieten, weil die eine Schülerin tanzen will, die andere fotografieren, die dritte malen und die vierte töpfern. Es geht nicht, wir müssen uns auf ein Angebot beschränken. Wir versuchen natürlich dann auch eine möglichst breite Palette anzubieten, so daß wir gesagt haben, nicht was weiß ich, Aschenbecher in Serie, Kerzenständer in Serie und Stein in Serie, sondern daß wirklich unterschiedliche Bereiche da waren. Wo doch jede, ich sage jetzt nicht unbedingt ihren Traum oder ihr Herzblut finden konnte, aber doch eine Sache, wo sie größtmögliches Interesse daran hatte. Es gab natürlich auch immer wieder welche, die sich versucht haben, dem zu entziehen. Das ist ein Problem, mit dem wir in diesem Fach umgehen müssen. Das wird so bleiben.

Eine weitere Sache, auch das hat der Stefan Scheuerer schon angesprochen, ist die Sache, daß wir in einem Bereich, in einem sogenannten notenfähigen Fach tätig waren, also einem Fach, wo eine Note erteilt werden sollte. Wie gibt man in diesem Fach am Ende des Halbjahres eine Note, die irgendwo auch vertretbar ist? Wir standen dann vor dem Dilemma, entweder man bewertet z. B. wie bei einer AG nur mit 'Teilgenommen' etc. für alle Schüler oder aber man beurteilt die fertig gestellte Schülerarbeit und sagt: 'Eva ist jemand, die etwas sehr Tolles hergestellt hat und bekommt deswegen eine '1'. Eine andere ist weniger toll und bekommt deshalb eine '5'. Das hatte der Stefan Scheuerer auch vorhin schon gesagt, daß man versuchen muß im Prinzip Kreativität, Ausdauer als ganz zentrale Aspekte, das Ergebnis zum Teil auch, aber mit weniger Gewicht in die Bewertung einzubringen, also ganz viele prozeßgeleitete oder soziale Elemente zu berücksichtigen, die während des Entstehungsprozesses maßgeblich waren. Letztendlich standen wir, auch gerade ich, vor dem Problem, wie gebe ich Noten, die eben nicht in einer Checkliste wie im kaufmännischen Bereich abgehakt werden können. Wo ich sagen kann: 'Soviel kann sie oder so viel kann sie nicht'. Sondern es findet eine Bewertung auf einer ganz anderen Ebene statt in diesem Bereich.

Noch ein weiterer Punkt: Wir sind eine kaufmännische Berufsschule und haben keine, ich betone, keine Möglichkeiten in irgendeiner Form größeren Dreck, Staub oder sonst etwas zu machen, weil durch das Zwei-Stunden-Faktum die nächste Klasse im Anschluß in den Raum kommt und dort Buchführung macht. Wenn es dann schmutzig ist, dann geht dieses Kursangebot nicht weiter. Wir waren daher auf die Freundlichkeit der Nachbarberufsschule angewiesen, der Käthe-Kollwitz-Schule. Sie besitzt einen eingerichteten Werkraum. Wir haben uns dann entsprechend der freien Stunden abgesprochen. Deshalb auch diese Freitagsstunden. Wir konnten dann montags morgens und freitags nachmittags - warum wohl? - diesen Werkraum benutzen. Wenn diese Möglichkeit nicht bestanden hätte, wäre es wirklich so gewesen, daß wir auf die Bereiche Bildnerisches Gestalten, Theater oder ähnliches verwiesen gewesen wären, die in der Berufsschule möglich sind ohne eigene Werk-räume. Das ist ja das Dilemma, denke ich mal, bei vielen Berufsschule. Es sei denn, es ist eine Kreisberufsschule, die dann eigene fachpraktische Räume hat, wo dann auch, ich sage jetzt mal, Dreck gemacht werden kann.

Und ganz zum Schluß, das zog sich auch schon wie ein roter Faden durch. Ich habe schon gesagt, ich bin kein Kunstpädagoge. Ich bin kein Künstler. Ich interessiere mich zwar sehr für dieses Gebiet und bemühe mich auch, aber ich bin eben nicht qualifiziert genug. Es war daher für uns eminent notwendig, daß wir eine fachkundige

Betreuung im Rahmen des Modellversuchs hatten, daß jemand da war, der Ahnung hatte. Und wenn es nur so banale Sache waren, wie z. B., daß ich ihre indianische Maske durchs verkehrte Brennen zerstört habe, weil ich das einfach nicht wußte. Ganz einfach gesagt, wenn ich sehe, da steckt so und so viel an Ideen, da steckt so und so viel an Erfahrung drin, die ich einfach nicht mitbringen kann, aber ohne eine Fachkraft, die entsprechende Informationen, Tips usw. gibt, bleibt das Angebot irgendwo, ich sag' jetzt einmal, im semiprofessionellen oder noch schlechteren Bereich. Dann ist die Frage, ob man damit nicht eher etwas Negatives als etwas Positives erreicht. Von daher finde ich es auch problematisch, wenn man da sagt, so ihr Lehrer, ihr habt jetzt ein halbes Jahr mitgemacht, jetzt dürft ihr alleine weitermachen. Ihr bekommt einen Eimer Ton hingestellt, jetzt macht mal. Und zieht die Fachkräfte völlig ab. Dann kommt man sehr schnell in die Situation, daß man sich auf zwei, drei Motive, die man vielleicht noch beherrscht, beschränkt. So kann es nach einer Weile aussehen, wenn jetzt Herr Denfeld jahrelang weiter Töpfern macht."

Bauhoff: "Ich wollte noch etwas zur Siggi sagen. Es war auch nicht so, daß sie gesagt hat, wenn irgendwie Probleme waren und man sie gerufen hat, das mußt Du so machen. Es war immer mehr so ein Zeigen in die richtige Richtung. Die ganze Arbeitsatmosphäre während diesem musisch-kulturellen Unterricht war sehr angenehm. Wahrscheinlich auch, weil Herr Denfeld aus diesem typischen Lehrerimage ein bißchen herausgetreten ist, das ganz freiwillig auch, vielleicht auch gezwungenermaßen, ich weiß nicht genau. Das war ein richtig schönes Zusammenarbeiten und ich glaube auch, ich sage jetzt mal ganz frech, die Leute, die auch immer da waren, die sich nicht gedrückt haben, die haben auch einen ganz guten Zusammenhalt gefunden. Da ist auch außerhalb der Schule etwas davon übrig geblieben, denke ich."

4 Erziehungswissenschaftliche Betrachtung

Albert Scherr
Jugend, Schule und Kultur
Kulturarbeit als Krisenmanagement?

Ich möchte Ihnen einige Überlegungen vortragen, die von folgenden Grundgedanken ausgehen: Kulturarbeit bzw. kulturelle Bildung sollte weder eine bloße "schöne" Ergänzung des Kerncurriculums der schulischen Ausbildung, noch ein für Zwecke des schulischen Krisenmanagements nützliches Instrumentarium der Pädagogik sein. Kulturelle Bildung steht vielmehr für den Anspruch auf eine umfassende Bildung aller Heranwachsender, für ein Recht auf Bildung, das gegen die Beschränkung der schulischen und beruflichen Ausbildung auf die Vermittlung nützlicher Qualifikationen einzuklagen ist.

Junge Menschen, so möchte ich diesen Gedanken konkretisieren, haben ein Recht auf Teilhabe an der Kultur, ein Recht auch solche Fähigkeiten und Interessen zu entwickeln, die zwar für ihre Funktionsfähigkeit als Schüler, Arbeitskräfte, Konsumenten und Wähler möglicherweise überflüssig, aber im Sinne eines Verständnisses von Bildung als "allseitige Entfaltung der menschlichen Wesenskräfte" elementar sind. Bildung meint eben - in der Tradition der Humboldtschen Bildungstheorie - gerade nicht nur die Vermittlung von Qualifikationen, die für gesellschaftliche Zwecke nützlich sind, sondern die Selbst-Bildung des Individuums.

Nimmt man also den Bildungsauftrag der Schule ernst, dann kann kein Zweifel daran bestehen, daß Kulturarbeit und Kulturpädagogik völlig unabhängig von Nützlichkeitserwägungen auf eine elementare Aufgabe der Schule verweisen.

Mit solchen Gedanken, die in der Tradition der neuhumanistischen Pädagogik Humboldts stehen und somit zu den "altehrwürdigen" Selbstverständlichkeiten der modernen Pädagogik zu rechnen sind, begibt man sich in Gegensatz zu einer gesellschaftlichen Entwicklung, die durch einen Widerspruch zwischen den Ideen und Idealen einerseits und den harten Realitäten andererseits gekennzeichnet ist:
Vor dem Hintergrund gesellschaftlicher Krisentendenzen, anhaltender Massenarbeitslosigkeit, der Krise der öffentlichen Haushalte

und zunehmender innergesellschaftlicher Gewalt sowie einer angeblich immer gewalttätiger und brutaler werdenden Jugend, kann man es sich vermeintlich nicht mehr leisten, den Ideen des Wahren, Guten und Schönen nachzugehen. Es scheint nur noch darum zu gehen, die Konkurrenzfähigkeit des "Standorts Deutschland" auf dem Weltarkt und die "innere Sicherheit" zu sichern. In manchen Reden von Politikern und Industrievertretern kann man den Eindruck gewinnen, daß sich ihr Blick nicht mehr auf die Bundesrepublik Deutschland als einen Lebensort von Individuen richtet, sondern nur mehr auf den "Industriestandort", dessen Wettbewerbsfähigkeit auf dem Weltmarkt zu sichern sei.

Schule und Berufsausbildung werden in der Folge unter die Maßgabe gestellt, jene leistungsfähigen Arbeitskräfte zu qualifizieren, die benötigt werden, damit ein Land mit relativ hohem Lohnniveau international konkurrenzfähig bleibt. In Debatten über das Niveau der Lohnnebenkosten und die Krise der öffentlichen Finanzen wird zudem immer wieder darauf hingewiesen, daß es in Zeiten der Krise erforderlich sei, auf überflüssigen Luxus zu verzichten, den man sich nicht mehr leisten kann. Versuche, die berufliche Bildung um Elemente der Kulturarbeit anzureichern, könnten sich nun als ein solcher Luxus darstellen, der zwar schön, aber verzichtbar ist.

Ich möchte im weiteren Gang meiner Überlegungen einige Hinweise darauf geben, daß eine solche Argumentation, die den Sinn kultureller Bildung an den Nachweis ihrer Nützlichkeit für die Sicherung des Standorts Deutschland bindet, allzu einseitg und verkürzt ist. Sie übersieht, daß eine auf bloße Qualifikations- und Nützlichkeitserwägungen ausgerichtete Bildung Nebenkosten hat, die selbst für das Interesse, den Industriestandort Deutschland zu optimieren, dysfunktional sind:

1. Zunächst möchte ich Sie auf einige Einsichten der psychologischen und erziehungswissenschaftlichen Jugendforschung hinweisen. Denn in der Schule haben wir es bekanntlich nicht nur mit Schülern, sondern mit jungen Menschen zu tun, deren Lernfähigkeit und Lerninteressen eingebunden sind in eine umfassende, in der Entwicklung befindliche Persönlichkeit.

Während sich die Jugend für Erwachsene, die in die Zwänge des Arbeitslebens eingebunden sind, rückblickend oft als eine Phase relativer Freiheit darstellt, mehren sich in der wissenschaftlichen Diskussion die Hinweise darauf, daß Jugend für die Betroffenen selbst eine problematische Lebensphase geworden ist. Jugendliche stehen nicht nur vor der Aufgabe, die Psychodynamik der Adoleszenz zu bewältigen. Sie müssen lernen, mit ihrer Sexualität umzugehen, sich schrittweise von ihren Eltern abzulösen und sie müssen einen eigenständigen Lebensentwurf entwickeln, in dem sie ihre Bedürfnisse und Interessen in Übereinstimmung mit den gesellschaftlichen Möglichkeiten bringen. Letzteres ist seit Mitte der 70er Jahre nun nicht nur objektiv, sondern auch subjektiv schwieriger geworden. Denn Jugendliche sind sich heute wesentlich früher als ihre Elterngeneration bewußt, daß sie nach dem Ende der Schule und der Berufsausbildung keine sichere Zukunftsperspektive erwartet, sondern daß die Realisierbarkeit ihrer Zukunftsvorstellungen mit vielfältigen Fragezeichen versehen ist: Sie wissen um die Unsicherheit ihrer beruflichen Zukunft, die aus anhaltender Massenarbeitslosigkeit und dem schnellen Veralten von Qualifikationen und Berufsbildern resultiert. Sie wissen um die Bedrohung der gesellschaftlichen Zukunft durch ökologische Gefährdungen. Sie wissen, daß sie in einer Welt aufwachsen, die außerhalb der westlichen Industrienationen durch Kriege und Hungersnöte geprägt ist. Sie sind mit der Erfahrung konfrontiert, daß auch die Bundesrepublik keine Insel der Seligen ist, sondern daß das erreichte Niveau an Wohlstand und Sicherheit nicht garantiert ist. Jugend ist deshalb keine Lebensphase mehr, in der man mit innerer Distanz zu den gesellschaftlichen Problemen seine Zukunft erträumen und entwerfen kann, sondern in der jeder Lebenstraum durch die Erfahrungen der Realität frühzeitig zensiert wird.

Unter solchen Bedingungen benötigen Jugendliche pädagogisch inszenierte Freiräume, in denen ihnen die Möglichkeit geboten wird, ihre Erfahrungen mit sich selbst und mit ihren gesellschaftlichen Lebensbedingungen zu bearbeiten. Solche Freiräume, in denen ohne den Druck des "Lernen- und Sich-Qualifizieren-Müssens" eigene Erfahrungen, Empfindungen und Eindrücke zur Sprache gebracht werden können, erfüllen eine wichtige "psychohygienische" Funktion. Sie können dazu verhelfen, ein bewußteres und klareres Verhältnis zur eigenen Lebenssituation einzugehen.

Eine der Aufgaben von Kulturarbeit sehe ich also darin, Jugendlichen Zeiten, Räume und Methoden verfügbar zu machen, die ihnen dazu verhelfen, ohne Druck von außen mit sich selbst, ihrer Psyche und ihrer Gesellschaft klarzukommen.

2. Von Hartmut von Hentig stammt eine programmatische Beschreibung der Aufgaben der Schule, die lautet: "Die Menschen

stärken, die Sachen klären." Anknüpfend an diese Formel möchte ich Sie zweitens darauf verweisen, daß eine wichtige Aufgabe kultureller Bildung in der Schule sein kann, "Menschen zu stärken". Denn Schule ist für einen Teil der Schüler keineswegs der Ort, an dem sie ihre eigenen Fähigkeiten erfahren, sich selbst als kompetente und interessante Menschen mit vielfältigen Vermögen erfahren, sondern an dem ihnen mitgeteilt wird, daß ihre Fähigkeiten bestenfalls mittelmäßig, daß sie den Normen schulischen Erfolgs nicht gerecht werden, eben "schlechte Schüler" sind. Entsprechende Erfahrungen des Mißlingens oder Scheiterns greifen nun tief in das Selbstbewußtsein von Schülern ein, beschädigen ihr Selbstwertgefühl und ihre Selbstachtung. Wie tief solche Erfahrungen in das Selbstverständnis von Schülern eingreifen, sehen wir daran deutlich, daß nahezu jeder Erwachsene sich Jahre später noch an die Demütigung erinnern kann, die es für ihn bedeutete, schlechte Noten und andere negative Bewertungen erhalten zu haben. Solche Erfahrungen schulischen Mißerfolgs sind eine zentrale Ursache von "Verhaltensauffälligkeiten" bei Jugendlichen. Es ist kein Zufall, daß es in der Regel die schlechten Schüler sind, die etwa durch Aggressivität und Vandalismus auffällig werden. Vielmehr läßt sich zeigen, daß manche Formen unangepaßten Verhaltens nichts anders als der Versuch sind, die Demütigung schulischen Mißerfolgs kompensatorisch zu bearbeiten.

Eine Schule, die ihren Erziehungs- und Bildungsauftrag ernst nimmt, sich also nicht mit der Einsicht beruhigt, daß es eben gute und schlechte Schüler gibt, ist deshalb aufgefordert, sich der Frage zu stellen, welche Möglichkeiten zum Erwerb von Selbstwertgefühl und Selbstachtung sie solchen Schülern bietet, die den geltenden Leistungsanforderungen nicht gerecht werden. Die kulturelle Bildung kann ein sozialer Ort sein, an dem genau dies möglich ist: Die Erfahrung eigener positiver und sozial anerkannter Fähigkeiten für alle Schüler, unabhängig von ihren im übrigen bestehenden Unterschieden.

3. Eine Reihe von Indizien deutet nun darauf hin, daß eine bloß an der Vermittlung nützlichen Wissens orientierte Schule nicht mehr in der Lage ist, jene Schüler heranzubilden, die gesellschaftlich, politisch und ökonomisch benötigt werden. Selbst unter dem Gesichtspunkt der Konkurrenzfähigkeit des Industriestandorts Deutschland ist es dysfunktional, wenn fachlich gut qualifizierte Facharbeiter herangebildet werden, die aber auf die Entwicklung zu einer Einwanderungsgesellschaft und auf soziale Krisen mit manifester Fremden-

feindlichkeit reagieren. Denn es waren und sind nicht nur Arbeitslose und Sozialhilfeempfänger, die rechtsextreme Parteien wählen, zu Gewalttätern werden oder Hakenkreuze an Wände malen, sondern überwiegend junge Männer aus den Milieus der Facharbeiter und der einfachen Angestellten. Zweifellos haben Fremdenfeindlichkeit und Gewalt nun vielfältige Ursachen. Eine dieser Usachen sind die Defizite der allgemeinen und politischen Bildung, die sich in einer entsprechenden Schul- und Ausbidungskarriere anhäufen. Ich will dies an einem Beispiel verdeutlichen: Die Gewalt junger Männer gegen Fremde verweist, ebenso wie die Gewalt in Fußballstadien, auf Probleme der Bestimmung der Geschlechtsidentität. Gewaltausübung ist unter anderem Ausdruck davon, daß man Männlichkeit über physische Stärke, Härte und Durchsetzungsvermögen definiert. Ein wichtiger Ansatzpunkt jeder Gewaltprävention ist deshalb in pädagogischen Prozessen zu sehen, in denen eine bewußte Auseinandersetzung mit der eigenen männlichen Identität, der eigenen Körperlichkeit und Männlichkeit, erfolgt. Dies kann zum Beispiel heißen: Collagen anfertigen, in denen Bilder von Männlichkeit dargestellt werden, Körperarbeit in geschlechtsspezifischen Theaterseminaren durchführen, den eigenen Lebensentwurf in Schreibwerkstätten oder Rollenspielen bearbeiten. Wer solche kulturpädagogischen Arrangements nun aber für nutzlose Spielerei hält, braucht sich - zugespitzt formuliert - nicht darüber zu beklagten, daß die Attraktivität des Standorts Deutschland durch Krawalle und Brandanschläge verringert wird.

4. Ich komme abschließend auf meine einleitende These zurück: Die These, daß eine bloß auf Qualifikationen hin orientierte Ausbildung nicht mehr hinreicht, um jene Arbeitskräfte heranzubilden, die der Industriestandort Deutschland braucht. Betrachtet man nämlich die Veränderungen der Anforderungsstrukturen, die sich aus den Prozessen systemischer und organisatorischer Rationalisierung in den fortgeschrittenen Sektoren der Industrie und des Dienstleistungsgewerbes ergeben, dann zeigt sich, daß das Bild des traditionellen Facharbeiters, der allein über handwerklich-technische Fähigkeiten verfügen und in einer Betriebshierarchie funktionsfähig sein muß, den erforderlichen Veränderungen nicht mehr gerecht wird. Soziale Kompetenz, Kooperationsfähigkeit in Gruppen, Flexibilität, Bereitschaft zur Teilzeitarbeit, kreative Problemlösungskompetenzen für komplexe Aufgaben sind Stichworte, die das beschreiben, was an Anforderungen an qualifizierte Facharbeiter gestellt wird. Gefor-

dert sind hier keine bloßen Hand- und Kopflanger, sondern Personen, die in der Lage sind, sich in einer immer schneller verändernden Arbeitslandschaft zu orientieren, die nicht an einmal erworbenen Fähigkeiten "kleben", sondern in der Lage sind, jeweils neue zu erwerben, die in der Lage sind, sich von einer traditionell hierarchischen Arbeitsorganisation auf Modelle der Gruppenarbeiten umzustellen. Überzeichnet man diese Entwicklung, dann kann man den Eindruck gewinnen, daß in den hochqualifizierten Segmenten der modernen Industrie- und Dienstleistungsberufe das altehrwürdige Humboldtsche Bildungsideal eine neue Aktualität gewinnt und dies aus rein systemimmanenten Erfordernissen der industriellen Produktion. Eine Berufsausbildung, die Wissen, aber nicht die Fähigkeit zum Lernen vermittelt, die auf lehrerzentriertem Unterricht basiert und nicht auf die Kooperationsfähigkeit von Schülern in Gruppen setzt, eine Schule, die Schülern nicht beibringt, wie man seinen eigenen Lebensentwurf in einer sich rapide verändernden Gesellschaft gestaltet, erweist sich hier als unzeitgemäß.

Ich möchte den letztgenannten Aspekt nochmals hervorheben: Meines Erachtens besteht eine zentrale Aufgabe der Schule darin, Heranwachsende zu unterstützen, einen tragfähigen Lebensentwurf in einer Gesellschaft zu entwickeln, in der es fortschreitend schwieriger wird, die eigene soziale Identität über einen Beruf zu definieren, den man einmal erlernt hat und sein Leben lang ausübt. Akzeptiert man diesen Gedanken, dann ist Schule herausgefordert, sich elementaren Fragen der Persönlichkeitsbildung zu stellen, den Fragen: Wer bin ich? Was begründet meine Identität, mein Selbstbewußtsein und mein Selbstwertgefühl? Wie kann ich lernen, mit Veränderungen meiner Lebensbedingungen umzugehen? Was sind meine genuinen Fähigkeiten und Interessen? Wie kommen diese in meiner Berufsausbildung zum Tragen? Usw.

Dies alles sind Fragen, die sinnvoll nicht durch einen lehrerzentrierten Unterricht vermittelt werden können, für die Schulen und Lehrer nicht über fertige Antworten verfügen, die Schülern nur didaktisch geschickt vermittelt zu werden brauchen. Hier sind Arrangements des zweckfreien, selbstbestimmten und selbstorganisierten Lernens, wie sie mit Methoden der Kulturarbeit und der Kulturpädagogik hergestellt werden können, sinnvoll.

Ich möchte Sie, als Lehrer, Ausbilder, Eltern, also auffordern, die Frage nach der Nützlichkeit von Theatergruppen, Malkursen, Musikgruppen usw. nicht allzu vordergründig zu stellen; sie sollten ihre

Aufgabe nicht nur darin sehen, auf das Bestehen der nächsten Fachprüfung vorzubereiten, sondern junge Menschen zu selbstbewußten Persönlichkeiten heranzubilden, die in der Lage sind, sich selbst und die gesellschaftichen Lebensverhältnisse zu begreifen, in denen sie leben und handeln. Solchermaßen gebildete Schüler und Auszubildende sind dann möglicherweise auch noch, aber darauf kommt es nicht ausschließlich an, die besseren Arbeitnehmer.

Aufgrund der kurzfristigen Erkrankung von Herrn Scherr wurde sein Manuskript verlesen.

5 Podiums- und Plenumsdiskussion

Musisch-kulturelle Bildung
Nicht nur schön, sondern auch nützlich?

Moderation: Bernd Spahn

Spahn: "Meine sehr geehrten Damen und Herren,
der nun folgende Teil unserer Veranstaltung beschäftigt sich mit der Frage der Möglichkeiten der musisch-kulturellen Bildung. Das Schöne, das Angenehme, das individuell Gewinnbringende der musisch-kulturellen Bildung wurde wiederholt thematisiert im Laufe des Tages. Auch hartleibige Gegner dieses Konzepts werden den individuellen Gewinn sicher nicht offen in Abrede stellen. Ganz anders sieht es bei der Frage des Stellenwertes künstlerischer und kultureller Aktivitäten in der beruflichen Schule bzw. gar in der betrieblichen Ausbildung aus. Wir hatten in unserem Programm zu dieser Tagung auch einen betrieblichen Ausbilder vorgesehen, der aber nur mit N.N. ausgezeichnet ist. Hier bin ich bei meinem Bemühen, einen betrieblichen Ausbilder für diese Diskussion zu finden, bei einem Mitglied des Berufsbildungsausschusses, das auch Mitglied des Präsidiums der IHK in Offenbach ist, auf platte Vorurteile gestoßen. 'Als nächstes kommt dann Verkehrserziehung', sagte dieser Herr, leider ohne eine Spur von Humor. Dann hatten wir die Zusage des Leiters der Personalentwicklung der Stadt Offenbach, Herrn Dr. Bartl, der jedoch vor ca. 24 Stunden abgesagt hat und mir einen Ersatzmann schicken wollte, der aber bisher nicht gekommen ist. Daher jetzt meine Frage: 'Befindet sich im Plenum eine mutige oder ein mutiger Vertreter/-in der betrieblichen Ausbildung, die/der bereit ist hier an der Diskussionsrunde teilzunehmen? Nein!'

Ich möchte Ihnen nun die Teilnehmer an der Diskussionsrunde vorstellen:
Gabriele Vogt ist Regierungsdirektorin im Hessischen Kultusministerium und dort zuständig für Modellversuche.
Sylvia Schopf leitet die Theaterwerkstatt "Krick-Krack" und ist Kursleiterin an der Jugendkunstschule und im Modellversuch.
Barbara Krämer-van de Loo ist Lehrerin an der Theodor-Heuss-Schule und war von Anfang an am Modellversuch beteiligt.

Werner Scholz ist Leiter des Staatlichen Schulamtes in Offenbach und in dieser Eigenschaft unser Ansprechpartner.
Gerd Müller ist Leiter der Käthe-Kollwitz-Schule, die eine zentrale Rolle im Modellversuch gespielt hat.
Stefan Scheuerer ist Kunstpädagoge und wissenschaftlicher Begleiter im Modellversuch. Er kennt wie kein anderer den Modellversuch, da er zum einen selbst unterrichtet hat und zum anderen die Arbeit der anderen in Wort, Bild und Ton dokumentiert hat.

Als Einstieg in die Diskussion schlage ich vor, daß jeder in ein bis zwei Sätzen seine Assoziationen zum Modellversuch vorstellt, das sagt, was ihm spontan einfällt oder bei der ersten Konfrontation mit dem Modellversuch eingefallen ist.
Bitte schön, wer möchte beginnen?"

Krämer: "Ich war ganz begeistert, als ich von diesem Modellversuch gehört habe. Ich hatte das Vergnügen in meiner eigenen Schulzeit aus sehr vielen musisch-kulturellen Angeboten wählen zu können. Und ich bin auf ein ganz gewöhnliches Gymnasium gegangen, wo das 'Gott sei Dank' groß geschrieben wurde. Ich habe das für mich als Person als großen Nutzen empfunden, für meine Persönlichkeitsbildung. Es hat mir viel Spaß gebracht und ich habe viel dabei gelernt. Ich bin in der Lage, Kultur zu rezipieren und ich muß immer wieder beobachten, daß bei dieser Kulturrezeption meine Schülerinnen und Schüler nicht anzutreffen sind. Auch nicht, wenn sie dann noch ein paar Jahre älter sind. Ich habe das Problem, daß unser Kulturbetrieb nach wie vor ein sehr bürgerlicher ist und das finde ich nicht gut. Ich habe das Anliegen, meinen Schülerinnen und Schülern auch zu vermitteln, welche schönen Erfahrungen, welche Bereicherungen sie erfahren, wenn sie in diesem Gebiet etwas begreifen können, etwas mitnehmen können."

Müller: "Ich war ja, bevor ich Leiter der Käthe-Kollwitz-Schule wurde - ich bin erst seit drei Jahren Käthe-Kollwitz-Schulleiter - stellvertretender Schulleiter der Theodor-Heuss-Schule und habe von Anfang an den Modellversuch mitbegleitet, also in beiden Schulformen, und habe da auch einen Unterschied festgestellt, weil die Theodor-Heuss-Schule, weitgehend kaufmännisch ausgerichtet ist. Mein erster Eindruck war: imponierend, schön. Das mußt Du unterstützen. Auf der anderen Seite habe ich als stellvertretender Schulleiter -wir hatten damals aus politischen Gründen keinen Schulleiter gehabt - die Verantwortung getragen, das bedeutete eine entsprechende organisatorische Arbeit und Überzeugungsarbeit. Und es mußten auch in der Theodor-Heuss-Schule ein paar Ecken begradigt werden, um zu diesem Erfolg zu kommen, den Barbara Krämer so schön geschildert hat und den ich auch von Seiten der Käthe-Kollwitz-Schule ohne Einschränkung unterstützen kann, positiv bis ins Letzte. Aber da werden wir im Laufe der Diskussion noch darauf zu sprechen kommen."

Scholz: "Assoziation: mühselige Verhandlungen, zunächst. Denn eine Jugendkunstschule hat ihren eigenen Auftrag definiert und muß sich erst einmal mit Schule auseinandersetzen. Mühselige Verhandlungen heißt für mich, die Institutionen, die ganz unterschiedliche Aufträge haben und sie auch für sich ausführen, zusammenzubringen. Das ist das eine.

Das andere ist, Geld beizuschaffen, Personal zu suchen und beizusteuern gegen Widerstände aller Orten. Und gerade bei dem Modellversuch hier, auch Bewußtsein zu verändern. Frau Krämer-van de Loo hat es schon angesprochen: 'Was hat eigentlich musische Bildung mit Berufsschule zu tun?'

Ich habe noch eine andere Assoziation: Als die Stadt und das Schulamt unterrichtet wurden und wir Personalakten studieren mußten, stellte ich zu meiner Überraschung fest, daß es keine Berufsschullehrer gab, die das Fach 'Musik' oder das Fach 'Kunst' vertreten. Das hat ja etwas zu bedeuten. Das hat ja eine Aussagekraft. Für mich war es klar, daß Berufsschüler und Berufsschülerinnen so früh wie möglich mit unserer Unterstützung mit diesem Bereich zusammengebracht werden sollten."

Vogt: "Mit den zwei Sätzen machen Sie es mir schwer. Ich möchte weniger gerne eine Assoziation zum Modellversuch äußern als vielmehr ein paar Gedanken, die mir beim Lesen der Zwischenberichte durch den Kopf gingen. Das liest sich, sozusagen auf der linken Seite, als eine Kette von guten methodischen Ideen, wie man Menschen an kulturelle Praxis oder kulturelle Bildung heranführen kann und zwischen den Zeilen, rechts, steht immer Schwierigkeit, Schwierigkeit, Schwierigkeit. Ich würde an dieser Stelle auch gerne einmal über die Schwierigkeiten reden, weil ich glaube, daß das, was wir immer so voraussetzen im Bereich von schulischem Lernen, eigentlich zu großen Teilen erst aufgebaut werden muß. Das heißt, daß wir in vielen Punkten eine Lernfähigkeit erst herstellen müssen. Und mich würde interessieren, ob man auch noch einmal nachdenkt über die Methoden, die da angewandt werden und auch über die Konzepte von - ich würde es mal nennen - von Laienkulturarbeit, mit allen Problemen, die man damit haben kann, von der ich meine, daß sie in Zukunft eine sehr viel größere Rolle spielen muß, wenn wir diese persönlichkeitsstabilisierenden Faktoren im Bereich musisch-kultureller Bildung in den Vordergrund stellen."

Schopf: "Ich knüpfe gerne bei Ihrem Punkt mit den Schwierigkeiten an. Ich fand es toll, als ich von den Angeboten des Modellversuchs an die Berufsschüler hörte. Das ist einfach ein Teil meiner Arbeit, meiner Theaterarbeit, die nicht nur für mich Schauspiel oder Schreiben heißt, sondern auch Theaterarbeit mit Menschen, sowohl den Jungen als auch bis zu den Erwachsenen. Und da ist die Schwierigkeit, die ich vorhin auch schon angedeutet habe, auf einen Acker zu kommen, der brach liegt. Ich habe die Beobachtung gemacht: Mit welchen Vorkenntnissen kommen eigentlich diese Schüler bis zu dem Punkt, an dem ich sie jetzt angetroffen habe? D. h., da ist sehr, sehr viel Brachland, wo keinerlei kulturelle Bildung oder zu wenige passiert ist. Und daß man, wenn die Person 16, 17, 18 Jahre alt ist, auf sehr verhärtete, verkrustete Strukturen stößt, ist auch ganz klar. Und daß das mit so einmaligen Tröpfchensituationen, wie sie jetzt z.B. - 'Gott sei Dank' überhaupt -, aber trotzdem Tröpfchensituationen, in diesem Modellversuch stattgefunden haben, daß das nicht ausreichend ist, finde ich eigentlich die große Schwierigkeit. Daß a) eine Vorarbeit geleistet werden muß und b) eine Kontinuität da sein muß, daß ansonsten - das war das, was mich oft sehr betroffen gemacht hat -, wenn ich weggegangen bin nach 1 1/2 Stunden oder nach 3 Stunden, das also eine Zeit lang gemacht habe, etwas entstanden ist und daß ich wußte, jetzt fällt wieder die brennende, die glühende Sonne des Alltags darauf und der Tropfen ist verdampft. Ich hoffe immer, daß er am Ende doch nicht ganz zerstört worden ist, als sei er garnicht vorhanden gewesen."

Scheuerer: "Zum Abschluß, meine Gedanken als ich von dem Modellversuch gehört habe, bzw. angesprochen worden bin mitzuarbeiten: Daß das sicherlich eine spannende Herausforderung ist, weil ich vorher auch keinen allzu tiefgehenden Kontakt zur beruflichen Bildung hatte. Ich habe zwar selbst eine künstlerisch-handwerkliche Ausbildung, kenne daher die Probleme der beruflichen Bildung auch ein bißchen aus eigener Erfahrung, und fand es daher auch eine spannende Sache, jetzt künstlerisches Arbeiten, was ich bisher vorwiegend im außerschulischen Bereich betrieben hatte, auch in der beruflichen Bildung auszuprobieren oder zu entwickeln."

Spahn: "So, danke. Jetzt hat jede(r) kurz seine/ihre Thesen oder Assoziationen vorgestellt. Sie, das Plenum, sind auch aufgefordert, sich an der Diskussion zu beteiligen."

Scheuerer: "Wenn jetzt aus dem Publikum keine Meldungen kommen, möchte ich gerade noch einmal den Gedanken von Frau Vogt aufgreifen, nämlich nach den Problemen. Ich habe festgestellt, daß bei vielen Lehrern oder Lehrerinnen die Kenntnis, was man mit musisch-kultureller Bildung verbinden kann, kaum ausgeprägt war. Es gab zum einen Vorbesprechungen für die Planung des kommenden Schuljahres, die fanden ausschließlich auf der verbalen Ebene statt. Die konkrete Umsetzung hat gefehlt, also die Anschauung und die eigene sinnliche Erfahrung der LehrerInnen in einem konkreten Handlungsvollzug, um das für sich selbst oder den eigenen Unterricht irgendwie nachvollziehen zu können oder vielleicht Möglichkeiten zu sehen, um das auch einzubringen oder einfach Mut zu machen, von dem Angebot Gebrauch zu machen. Letztlich hat häufig das persönliche Gespräch Zweifel ausgeräumt, Möglichkeiten eröffnet oder zu einem tieferen Interesse geführt. Alles, was auf schriftlichem Wege in die Schulen gebracht worden ist, in der Hoffnung, daß die LehrerInnen erst einmal durch schriftliche Informationen gelockt oder aufgeweckt werden, hat eigentlich am wenigsten gegriffen. Erfolgreicher war die persönliche Ansprache, soweit die/der betreffende LehrerIn bereit zu einem Gespräch war. Im Verlauf des

Modellversuchs wurde die Mund-zu-Mund-Propaganda unter den Lehrern ein bißchen zum Selbstläufer, wodurch neue oder andere Kollegen gelegentlich ins Hintertreffen gerieten. Es haben sich in den Kollegien der Schulen interessierte Gruppen von Lehrern gebildet, die sich dann von sich aus, auch innerhalb der Schule, stark engagiert haben. Dadurch hatten wir Verbündete und konnten so auch neue interessierte LehrerInnen dazugewinnen. Das wäre, wenn man das in die Zukunft projiziert, eben ein Vorschlag oder ein Gedanke, den ich für nützlich halte, daß also Multiplikatoren durch Lehrerfortbildungen herangebildet werden, was teilweise ja auch schon in der HIBS-Gruppe passiert, und daß aber diese Lehrer vor Ort in ihrer Schule nicht wieder als Einzelkämpfer dastehen, sondern daß sich da wirklich Teams von Lehrern bilden, die diesen Bereich musisch-kulturelle Bildung vertreten. Die vor Ort Workshops durchführen oder zumindest Kontakte zu kompetenten Leuten von außen haben, die sie in die Schule einladen können, an pädagogischen Tagen oder ähnlichen Veranstaltungen, um auch im Gesamtkollegium ein größeres Interesse zu wecken und dort Akzeptanz zu erzielen."

Müller: "Ja, an der Käthe-Kollwitz-Schule hatte ich an für sich nicht den Eindruck, daß Sie, daß wir zu wenig Interesse hatten. Wir mußten unser Kollegium geradezu bremsen. Da war die Nachfrage der Kolleginnen und Kollegen, der Schüler und Schülerinnen immer größer gewesen, so daß wir sogar einige Angebote bei den halbjährlichen Semesterbesprechungen wieder streichen mußten. Deswegen, glaube ich, muß man hier schon einen Unterschied machen: Wie sind die Schülerinnen und Schüler und Lehrkräfte motiviert? Aus welchem Bereich kommen sie? An meiner Schule, an der Käthe-Kollwitz-Schule, kommen sie eben überwiegend aus einem handwerklichen Bereich, und das Handwerk hat ja durchaus eine sehr enge Affinität zum Künstlerischen hin und vielleicht ist daher die Multiplikatorenwirkung oder die der Ansprechbarkeit etwas größer. Insgesamt, das darf ich hier unumwunden sagen, haben wir an unserer Schule sehr profitiert von diesem Modellversuch. Lehrkräfte, Schüler und Schülerinnen und auch die Schulleitung haben gesehen, wie sinnvoll, wie weit diese zusätzlichen Unterrichtsangebote im musisch-kulturellen Bereich, wie positiv sie das Schulklima überhaupt beeinflussen können. Und ich möchte das klar machen oder Ihnen verdeutlichen an einem Beispiel: Wir sind zuständig in

Stadt und Kreis Offenbach für die praktisch Bildbaren, die in den beschützenden Werkstätten der 'Arbeiterwohlfahrt' ausgebildet werden. Im Trainingsbereich werden sie an die Arbeitsfelder herangeführt. Sie blühen ja generell nach unseren Erfahrungen durch den Berufsschulbesuch auf, aber indem sie auch noch kreativ wirken durften im musisch-kulturellen Bereich, hat man durchaus noch einmal einen enormen Sprung gesehen, wie die benachteiligten Behinderten, die ein fünftes oder sechstes Rad in unserer Gesellschaft sind, durch ein solches zusätzliches Angebot noch besonders gefördert worden sind. Wie sie mitgezogen haben, welche Produkte sie hergestellt haben, das hat uns deutlich gemacht, daß so etwas nicht vergeblich ist weder für diesen Bereich noch für die anderen Bereiche, in denen wir ausbilden. Und ich bin auch froh, daß mein Kollegium so mitgezogen hat und ich bedauere es, daß wir jetzt in zwei bis drei Monaten oder vier, fünf Wochen von 100 % mehr oder weniger auf 0 % zurückfahren müssen, weil der Modellversuch leider am Ende angekommen ist."

Scheuerer: "Darf ich gerade auf Herrn Müller antworten? Ich gebe natürlich gerne zu, daß das an ihrer Schule ein sehr aufgeschlossenes Kollegium war. Fairerweise muß ich auch dazu sagen, daß ein großer Teil der LehrerInnen in der Fachschule für Sozialpädagogik tätig ist, also einem Bereich, wo Kunst, Werken, Spielerziehung und Musikerziehung im Stundenplan als (Noten-) Fächer vorkommen. Diese LehrerInnen hatten auch deshalb großes Interesse daran, mit Experten arbeiten zu können, weil sie zum überwiegenden Teil fachfremd unterrichten müssen und sich selbst während der Arbeitszeit weiterqualifizieren wollten. Daher war ihr Engagement natürlich besonders groß, das gebe ich unumwunden zu. Aber es gab andere Bereiche, z. B. bei den Bäckern, die ja auch alle möglichen Produkte, geflochtene Brote, verzierte Teilchen und was man sonst in den Schaufenstern und Verkaufstheken sehen kann, gestalten, da hat sich keine Lehrkraft eingefunden. Das hatte ich vorhin damit gemeint, daß sich eine Gruppe von interessierten LehrerInnen an der Schule stabilisiert hat, meistens aus bestimmten Bereichen. An der Theodor-Heuss-Schule, der kaufmännisch-verwaltenden Schule, waren es häufig aus dem Justizbereich LehrerInnen, aus anderen Bereichen wenige. Je nach Schulform gibt es natürlich Vorlieben oder Anknüpfungspunkte, aber in erster Linie findet der Bezug erst einmal über Personen oder "geeignete" Stundenfächer statt. In der Regel liegt es an den persönlichen Vorlieben und Interessen der betreffenden Lehrkraft oder deren Aufgabenbereich in der Schule."

Scholz: "Ja, ich dachte, wir kommen an einen Punkt, der den Berufsschulunterricht tangiert. Das, was Gerd Müller hier beschreibt, sind im Grunde Klassen, die Freiräume haben. Wenn ich mir die Rahmenlehrpläne für den Berufsschulunterricht ansehe, dann sind die lehrgangsartig aufgebaut. Es sind Stunden für bestimmte Themen benannt. Es sind der Abschluß, Zwischen- und Abschlußqualifikationen beschrieben, die die Schülerinnen und Schüler erreichen müssen. Unter diesem Druck stehen Lehrer und Lehrerinnen. Das heißt, sie grenzen in anderen Ausbildungsberufen diesen musischen Bereich wahrscheinlich aus. Ihr Bewußtsein ist immer abschlußqualifikationsbezogen. Wir werden diese Lehrerinnen und Lehrer mit viel größerer Mühe für solche Bildungsangebote aufschließen können. Ich denke, Berufsschule muß sich hier auch fragen lassen, ob sie nicht eine andere Menschenbildung haben will, eine ganz andere Menschenbildung. An dieser Stelle erinnere ich an das, was da vorhin vorgelesen wurde, an das Referat, daß sich die Identitätsfindung sicher nicht nur an irgendwelchen beruflichen Qualifikationen messen läßt, sondern den ganzen Menschen betrifft. Wir entwickeln uns heute in der Pädagogik wieder hin zu einer ganzheitlichen Bildung und Erziehung. Dazu gehört natürlich auch dieser musische Bereich, wir rücken ein Stück weg von der fachbezogenen Bildung. Schlimmer ist allerdings die gegenläufige Diskussion in der Bildungspolitik, in der gesagt wird, die Lehrerstunde kostet so und so viel, was können wir aus dieser Lehrerstunde ausklammern, damit sie billiger wird. Ich habe jetzt an einer Tagung teilgenommen, da ist mir eigentlich Angst geworden, gerade im Hinblick auf das Thema, das wir hier haben. Da werden die kognitiven Bereiche ganz hoch geschrieben und alle anderen Bereiche ganz runtergerechnet, wirtschaftlich, wie das ein Betrieb macht. Und ich denke, dieses können wir uns auch unter dieser Themenstellung überhaupt nicht leisten."

Vogt: "Anschließend an das, was der Herr Scholz sagte, Stichwort "Menschenbildung". Ich staune manchmal, mit welcher Selbstverständlichkeit, so als Fortschritt im Bewußtsein der beruflichen Bildung, die Orientierung an den sogenannten Schlüsselqualifikationen zitiert wird. Wie oft man sie beschwört und wie wenig man im Grunde tut, um die Voraussetzungen dafür auch anzulegen. Wenn ich mir diese Berichte durchschaue und jetzt komme ich noch einmal auf das zurück, was ich vorhin sagte und mir gegenwärtig war, was wir eigentlich haben und was wir vorweisen können und was wir nicht nur an Jugendlichen beobachten können, sondern auch an uns selbst, etwa dann, wenn wir da aufgefordert werden, uns einfach hinzustellen, ganz locker zu stehen und unseren Körper zu spüren, wir uns ganz unbehaglich fühlen, dann stelle ich also fest, daß nicht nur Jugendliche, sondern auch wir eine große Angst haben uns unkontrollierbaren Situationen auszusetzen. Daß wir einen ungeheuren Perfektionsanspruch an uns haben und daß wir eine geringe Frustrationstoleranz gegenüber dem nicht Perfekten haben, was denn noch der Ausdruck dessen sein könnte, was man selbst zustande bringt. Daß wir also im Grunde genommen, ganz wenig bereit sind, uns auf Situationen einzulassen, die uns nicht geheuer sind und die uns dumm dastehen lassen. Und das ist auch kein Wunder und kein persönliches Defizit, wenn man sieht, in welcher Welt wir leben, die nämlich ausgesprochen perfekt ist, ob Sie nun in die Medien sehen oder ob Sie die Konsum- und Warenwelt nehmen, überall ist alles da, überall ist alles in Perfektion vorhanden und man braucht nur zuzugreifen. Wenn man aber nur zuzugreifen braucht, dann stellt sich als zweites die Frage, warum soll ich denn eigentlich zugreifen? Es ist eine gewisse Beliebigkeit da gegenüber dem Angebot, das irgendwie fast eine Lähmung oder Entscheidungsunfähigkeit hervorruft und auf keinen Fall mehr Aktivität produziert. Und da darf man sich nicht wundern, daß Jugendliche, und auch wir, wenig Mut haben, etwas anzupacken, das mit den eigenen Kräften und der eigenen Gestaltungsfähigkeit zu tun hat. Das ist so der Punkt, finde ich, der sehr wenig beachtet wird in der Diskussion und der doch eigentlich die Grundlage wäre, um jemanden lernfähig zu machen. Also, wie kann man jemanden öffnen und angstfrei machen, der zwischen Körperempfinden und intellektuellen Leistungen, zwischen Sinnlichkeit und Intellekt keinen Zusammenhang sieht? Wie kann sich jemand angstfrei und flexibel Situationen aussetzen, wenn er innerlich so starr ist, daß er sich kaum da vorne hinstellen mag und mal locker dastehen? Es ist jetzt sehr zugespitzt und natürlich kann man sagen, es gibt eine gewisse Flexibilität im geistigen

Bereich, die auch unabhängig davon ist, wieviele Kniebeugen ich machen kann oder wie gut ich mit Ton umgehen kann. Trotzdem wird jedem von uns in solchen Momenten bewußt, daß es einen unmittelbaren Zusammenhang gibt. Und dieser permanent hintangestellte Zusammenhang ist, glaube ich, für das, was wir tun absolut tödlich. Und mich wundert es darum immer, daß Kreativität immer so als ein Plus, als etwas Aufgesetztes und nicht als ein unmittelbarer Bestandteil von unterrichtlichem Handeln oder von Denken begriffen wird. Das war der eine Teil.

Ein zweiter Teil, den ich noch sagen wollte zu Ihrer Kritik, Herr Scholz, die ich in Teilen durchaus nachvollziehen kann. Ich rede jetzt mal ein bißchen pro domo und sage, daß wir schon ein bißchen was tun für die Kultur. Ich bin also nicht nur zuständig für Modellversuche, sondern auch für kulturelle Praxis im Kultusministerium. Und in dieser Eigenschaft betreue ich zur Zeit ein Riesenprojekt, das sich 'Kulturmobil' nennt und eingeliedert ist in einen weiteren Modellversuch, der heißt 'Kulturanimation'. Es ist ein schönes Wort, weil es so erinnert an Robinson Clubs und ähnliches. Aber es soll auch genau diesen Charakter haben. Es handelt sich bei dem 'Kulturmobil' zunächst um einen 14 Meter langen Sattelschlepper, der Anschauungs- und Demontrationsmaterialien und Aktionsmaterialien aus allen Bereichen kultureller Praxis für Schulen enthält. Begleitet wird es von einem Team von sechs Lehrern, die für unterschiedliche Bereich kultureller Praxis stehen und die zur Verfügung stehen für Workshop-Angebote in den Regionen Hessens, für alle Schulen, also ein Instrument ihrer Lehrerfortbildung. Damit es aber nicht nur so ein Glamourprojekt wird, das einmal anrollt und dann wieder weg ist, haben wir versucht, es einzubetten in ein Netz von Mitarbeitern, das wir im Begriff sind, in den unterschiedlichsten Regionen Hessens langsam aufzubauen. Das heißt, daß alle Leute, die im Bereich kultureller Praxis engagiert sind und im Bereich der Lehrerfortbildung arbeiten, angesprochen sind, bei diesem Kulturmobil mitzumachen und es durch Angebote im Rahmen der Lehrerforbildung, sozusagen, einzubetten, also das, was angeregt wurde, weiterzuführen. Dieses Beratungsteam steht auch beruflichen Schulen zur Verfügung, auch auf der Ebene schlichter Informationsgespräche, etwa, wie mache ich es: Kulturelle Praxis und Angebote, die methodisch ein bißchen pfiffig und interessant sind, an meiner Schule zu realisieren? Welche organisatorischen, welche finanziellen Probleme gibt es da? etc. Das ist die eine Säule dieses Modellversuchs, die beiden anderen sind Pilotprojekte im Bereich Kultureller Praxis, also Defizite, die wir feststellen aufzuarbeiten und das dritte, das wahrscheinlich auch für berufliche Schulen von erheblichem Interesse wäre: Es gibt eine sogenannte Projektbank beim Hessischen Institut für Bildungsplanung und Schulentwicklung in Wiesbaden, die müssen Sie sich als eine Art Loseblattsammlung vorstellen, die interessante, erprobte, vor allem erprobte, machbare pfiffige Ideen aus dem Bereich kultureller Praxis an Schulen anschaulich und knapp auf einer Seite dokumentiert. Aber doch so anschaulich, daß man sie auch nachmachen kann. Mit Quellenangaben, mit Urheberangabe und der Möglichkeit, Materialien nachzufordern, wenn man sie braucht. Da kann man sich also auf einen Blick sehr schnell ein Bild machen: Was kann ich machen, was kann ich nicht machen? Was paßt in meinen Zusammenhang? Und kann das für sich übertragen, so hoffen wir jedenfalls."

Krämer: "Ich kann das mal direkt beantworten. Also bei uns in der Theodor-Heuss-Schule, in der Schulkonferenz, hat sich eine Arbeitgebervertreterin und Ausbilderin einer Schülerin, die hier auch ihre Tonarbeiten präsentiert hat, ausdrücklich hochpositiv über diesen Modellversuch geäußert. Also, das, was angeregt wurde, weiterzuführen. Die hat gesagt: 'Sie findet das ganz hervorragend, wenn das Mädchen ihre Fähigkeit entwickeln kann; wenn sie lernt, durchaus auch in der Freizeit sich sinnvoll zu beschäftigen usw.' Sie hat da sehr positiv darauf reagiert.

Dann kenne ich mich auch mit modernen Managementkonzeptionen etwas aus. Ich habe gerade eine Betriebsbesichtigung bei der Firma 'Löbro', hier in Offenbach, gemacht. Dort wird die Kreativität ganz hochgestellt. Dort machen die Mitarbeiter Gruppenarbeit; da müssen sie Wochenendseminare besuchen, wo sie irgendetwas Künstlerisches herstellen sollen, mit offenem Ende, wo die Gruppe selbst bestimmt, was da geschehen soll. Dieser Betrieb wurde vor zwei Jahren als Betrieb des Jahres prämiert. Ja? Also, ich denke, das ist sicherlich nicht durchgängig und das, was der Herr Dr. Spahn so an eher kritisch-satirischen Bemerkungen zu hören bekommen hat, das haben wir ebenfalls vernommen. Ich denke, da gibt es ein sehr breites Spektrum, aber wenn man die moderne Managementlehre zur Kenntnis nimmt, dann, denke ich, sind da durchaus auch Anknüpfungspunkte da, die uns das bestätigen können."

Mohaupt: "Ich möchte noch einmal eine Frage an Herrn Scholz einfügen, der davon sprach, daß es galt, zwei Ebenen zusammenzubringen, die beruflichen Schulen auf der einen Seite und die Jugendkunstschule auf der anderen Seite mit ihren jeweiligen Lehrintentionen.

Eine weiteren Frage geht an den Leiter und die Mitarbeiter der Jugendkunstschule: In die Jugendkunstschule kommen in der Regel junge Leute und auch ältere, die ambitioniert und motiviert sind, die schon ihre Interessen entdeckt oder auch eine entsprechende Vorbildung haben. in diesem Modellversuch hatten Sie ja mit Auszubildenden zu tun, die zunächst einmal keine eigene Motivation dazu hatten und erst einmal eine entwickeln mußten. Daraus ergeben sich meiner Meinung nach Ansatzpunkte anderer Art, pädagogisch-didaktischer, auch in methodischer Art an künstlerischen Arbeitsweisen. Ich habe in den Zwischenberichten über diesen Knackpunkt nicht allzu viel gefunden. Im nachhinein für die, die es gemacht haben, aus ihrer Erfahrung heraus: Sind Sie von vorneherein methodisch anders vorgegangen? Oder haben sich Ihre Methoden aus der außerschulischen Arbeit einfach bewährt? Oder haben Sie erst im nachhinein festgestellt, daß die Methoden für diesen Ansatz nicht tauglich waren?

Scheuerer: "Wenn ich kurz darauf antworten darf? Zuerst einmal zur Klientel der Jugendkunstschulen. Der Name Jugendkunstschule ist eigentlich falsch. Es müßte Kinderkunstschulen heißen, weil die Teilnehmerzahlen nämlich in der Regel nach dem zwölften Lebensjahr rapide sinken. Da ist ein enormer Einbruch in den Besucherzahlen, wenn man das statistisch betrachtet. Es gibt in Nordrhein-Westfalen Kunstschulen, wie in Neuss, die als Modellversuch in erster Linie mit 15 - 25jährigen gearbeitet haben. Dieser Ansatz war auch ein Anknüpfungspunkt für mich selbst. Aber die Mitarbeiter dort, muß ich sagen, arbeiten auf einem künstlerisch sehr professionellen Niveau oder streben es zumindest an. Und das konnten wir hier den Berufsschulen eben nicht anbieten, das wäre einige Stufen zu weit oben angesetzt gewesen. Die Klientel der Jugendkunstschule in Offenbach, das sind in der Regel Kinder von 3 bis 12 Jahren. Es gibt ganz wenige Gruppen, in denen 14 - 16jährige sind. Und alle, die älter sind, die bleiben weg, die haben einfach andere Interessen. Der Modellversuch war zum einen eine Chance für die Jugendkunstschule, ihr Angebot eben auch Jugendlichen zu machen, zusätzlich zu den Angeboten in der Berufsschule. Wer also noch mehr machen wollte, noch intensiver arbeiten wollte, konnte in die Jugendkunstschule kommen, um sich dort noch intensiver mit den künstlerischen Methoden oder Techniken auseinanderzusetzen, wie z. B. in Neuss die Kurse praktiziert worden sind. Von daher haben wir also schon versucht, den spezifischen Ansatz der Jugendkunstschule beizubehalten, wie ich das heute morgen versucht habe darzustellen, aber eben in enger Zusammenarbeit mit den jeweiligen Lehrern, d.h., sich wirklich erst einmal zusammenzusetzen und für die jeweilige Schulklasse ein passendes Konzept zu überlegen, das die Interessenlage der SchülerInnen einbezog. Zuallererst wurde aber die Klasse gefragt, was die Lehrer auch heute morgen schon gesagt haben, was sie machen will. Es ist also vielen Schülern nichts übergestülpt worden, die anderen mußten sich demokratisch dem Mehrheitsbeschluß beugen. Durch diese Schüler gab es natürlich schon Widerstände, die sich in Diskussionen, Abblocken oder im schlimmsten Fall auch durch Fernbleiben äußerten. Wichtig war jedenfalls, daß die Schüler gesprächsbereit waren und bereit waren zuzuhören. Die weitaus tiefere Auseinandersetzung mit einem fremden Standpunkt bot natürlich die eigene praktische Erfahrung, die häufig neue Sichtweisen für die Schüler eröffnete. Durch die spezifische Berücksichtigung von Neigungen, Wünschen, dem jeweiligen Berufsfeld, dem Fach, das seine Zeit zur Verfügung stellt etc. sind wir auch an dem problematischen Punkt der Übertragbarkeit angekommen. Eine Fachschulklasse für Sozialpädagogik z. B. hat natürlich andere Interessen als Juristinnen oder Kaufleute, deshalb wurde immer wieder versucht, auf die entsprechende Zielgruppe das Konzept abzustimmen. Andererseits waren die Angebote so angelegt, daß sie immer mit grundlegenden Übungen oder Techniken begannen, so daß sie in dieser Hinsicht auch die allgemeinen Prinzipien der Jugendkunstschule widerspiegeln, die hierzu nicht modifiziert werden mußten. Es gab sicherlich auch Klassen, bei denen man nach dem Angebot sagen mußte, daß das Konzept nicht gepaßt hat, dann wurde versucht, bei der nächsten Klasse diese Erfahrungen zu berücksichtigen."

Schopf: "Sie, Herr Mohaupt, haben es direkt angesprochen, inwieweit es da Überschneidungen, Ähnlichkeiten oder sonst etwas gibt. Ich denke das Grundproblem ist - was ich auch immer wieder feststelle -, wann immer Sie in eine Gruppe kommen, die erst einmal, sagen wir, zwangsverpflichtet ist, ins Theater zu gehen, Theater zumachen, in eine Oper, in ein Konzert zu gehen etc., sie treffen immer auf die gleichen Probleme.

Ich muß auch ein Negativbeispiel nennen, da habe ich einen Kurs abgebrochen, weil das ganz wunderbar anfing, das war toll gewesen in der Gruppe, die waren begeistert. Als ich aber dann das fünfte, sechste Mal kam, wurde das immer schwieriger. Und ich habe dann irgendwann in Absprache mit dem Lehrer, den Theaterkurs abgebrochen und ein Abschlußgespräch geführt. Dabei kam heraus - was viele insgeheim auch wissen, was immer wieder passiert -, am Anfang war es toll, da war es etwas Neues. Die Schüler haben auch gar nicht gewußt, was das Phänomen Theater ist. Das erlebe ich immer wieder, egal ob ich mit Kindern, Jugendlichen, mit Erwachsenen arbeite, es ist immer erst einmal: Jeder kennt es, aber im Endeffekt, wenn man damit konfrontiert wird im Selbst-tun, wird das eine ganz fremde Sache. Man stößt auf sich selbst, das mag ja keiner. Und dann kam heraus: Ja, also dann doch eigentlich lieber Theater spielen als Schulunterricht. Das sind manchmal auch Punkte, die sollte man auch nicht verschweigen.

Auf der anderen Seite ist es immer ein Grundkonzept, gibt es für mich eine Grundlage: ich möchte Theaterprinzipien vermitteln. Es gibt das soziale Element und es gibt das Element der Kreativität. Beide sind ganz wichtig für mich in meinem Theaterkonzept. Und die gilt es jeweils individuell auf eine Gruppe, auch eine Gruppensituation, die heute so und morgen anders sein kann in der selben Klasse, abzustimmen."

Vogt: "Die Frage nach der Methode finde ich deshalb so wichtig, weil wir immer mehr in eine Situation kommen, wo es darum geht, Mut zu machen. Und wenn man Methoden wählt, die am Anfang sehr stark verunsichernden Charakter haben, erreicht man wahrscheinlich das Gegenteil dessen, was man will. Ich habe nur ein kleines Beispiel, ohne das jetzt in irgendeiner Weise abwerten zu wollen, dieses Figurenzeichnen ist mir in Erinnerung geblieben. Da sollten die Schülerinnen Figuren zeichen, die auf dem Kopf stehen Sie waren dadurch stark verunsichert, weil sie sich an der standardisierten, schönen, fehlerfreien Form orientierten und das hat zu solchen Frustrationen geführt, die Sie, Herr Scheuerer, sehr ehrlich beschrieben haben, daß Sie den zweiten Teil abgebrochen haben. Dieses Schülerverhalten finde ich sehr bezeichnend, und das macht deutlich, wie schwer es ist, in dem Bereich zu arbeiten und wie wichtig es ist, eben Konzepte zu finden, die zunächst einmal weniger ambitioniert sind, als daß es Methoden sind, die zeigen, wie man mit simplen Mitteln im Grunde einen Effekt erzeugen kann. Ein Gegenbeispiel war etwa, das mit den Sandwichdias, wo man eigentlich nicht viel können muß im herkömmlichen Sinne, aber einen tollen Effekt erzielen kann. Auf dieser Ebene weiterzudenken, finde ich nicht schlecht, um einen Einstieg zu finden."

Herr Dahn (in gekürzter Fassung): "Auffällig ist das Zahlenverhältnis von Frauen und Männern, sowohl Lehrkräften als auch Schülern, die am Modellversuch teilgenommen haben. Der überwiegende Teil war weiblichen Geschlechts! Liegt das auch daran, daß Musisch-kulturelles gemeinhin als etwas mit Emotionen Verhaftetes in Verbindung gebracht wird, ein meist dem Weiblichen zugerechnetes Feld? Oder sind Frauen einfach Neuem gegenüber aufgeschlossener?

Scheuerer: "Das hat von den Schülern her gesehen auch mit den beteiligten Berufsschulen zu tun. Justizangestellte sind nun einmal in der Regel Frauen, Rechtsanwaltsgehilfinnen auch. Friseur ist fast auch ein reiner Frauenberuf geworden, ebenso Damenschneider, Er-zieher. In den Erzieherklassen findet man vielleicht 20 Frauen und 2 Männern, wenn es hoch kommt. Ich will das jetzt ausdehnen auf die Lehrenden. In der Kunst- oder Kulturpädagogik ist der Frauenanteil auch wesentlich höher als in einem Ingenieurstudium. Ich weiß aus meinem Studium, ich habe mit 5 oder 7 anderen Männern vielleicht zwischen 100 Frauen in Veranstaltungen gesessen. Das sind typische Relationen im Kulturbereich. Und was vielleicht jetzt auch wieder ein bißchen auffällig ist, auch hier an der Jugendkunstschule, Schulleiter und wissenschaftlicher Begleiter, also ich, sind wieder Männer und die Arbeit müssen wieder die Frauen machen. Daß sich mehr Lehrerinnen als Lehrer für die Angebote interessiert haben, mag auch daran liegen, daß die allgemeinbildenden, pädagogischen, gestalterischen und verwaltenden Fächer eher von Frauen studiert und später unterrichtet werden als von

Männern. Bei den männlichen Lehrern mag es vielleicht weniger an der 'Angst' vor Emotionen oder sinnlichen Erfahrungen liegen, als an ihrem zielgerichteten, fach- und berufsbezogenen Denken, das weitgehend von Nützlichkeitserwägungen, sei es die nahende Prüfung o.ä., geprägt ist."

Scholz: "Zunächst meine eigene Beobachtung zu dem Anteil der Teilnehmerinnen und Teilnehmer. Ich habe vor einiger Zeit einen Bildhauerkurs mitgemacht und habe gedacht, naja, da triffst Du in der überwiegenden Zahl Männer. Ich kam in eine Frauenriege. Das waren, glaube ich, so gut 20 Frauen und 3 Männer. Ich denke, daß hier tatsächlich nicht nur von den Berufen, die dort ausgebildet werden, zu schließen ist, sondern überhaupt eine größere Akzeptanz bei den Frauen zu finden ist, was diesen Bereich betrifft, als bei den Männern. Ich gehe davon aus, wenn es ein Segelkurs gewesen wäre, wäre es umgekehrt gewesen.

Und jetzt zu den dualen Partnern. Ich denke, hier ist, und da dürfen wir uns hier von dem Versuch her nicht übernehmen, viel Bewußtseinsbildung bei den betrieblichen Partnern notwenig. Ich beobachte zur Zeit sehr systematisch die Entwicklung einer Klasse in einer Schule für Lernhilfe. Diese 10 Kinder sind neu eingewiesen dort und die Lehrerkraft versucht, über künstlerisches Arbeiten die Lernblockaden, die sie ins 6. Schuljahr mitgebracht haben, zu überwinden. Und siehe da, sie schafft sehr viel Aufschluß. Ich denke, daß dieser Ansatz, das haben Sie ja vorhin auch gesagt, Frau Krämer, wichtig ist und das kam auch in dem Vortrag von vorhin mit heraus, daß die Vielfalt in der Persönlichkeit an mancher Stelle so blockiert ist, daß andere Fähigkeiten sich nicht öffnen können. Dasselbe gilt auch für die Berufsschullehrer, ich denke, in gleicher Weise. Sie, Herr Dahn, haben vorhin bereits darauf hingewiesen. Wir werden allerdings, und da gebe ich dem Herrn Denfeld recht, erst weiterkommen, wenn dieser Bereich eine gesellschaftliche Akzeptanz hat; wenn dessen Nützlichkeit erwiesen ist. Und wenn ich mir die Formulierungen aus dem Vortrag vergegenwärtige, dann waren das eigentlich immer welche, die etwas mit dem Bruttosozialprodukt zu tun hatten. Das kann verbessert werden, wenn dieser Bereich fruchtbar eingesetzt werden kann. Ich halte daher diese heutige Veranstaltung für wichtig in der Entwicklung eines Bewußtseins und dennoch bin ich davon überzeugt, daß morgen die ganze Sache ganz schnell abzuebben beginnt, wenn kein Erfolg da ist, weder in der Schule noch in den Betrieben.

Zu den Fragen zur 'Öffnung von Schule', da muß ich leider nicht nur einen Tropfen in den Wermut schütten, sondern gleich eine ganze Kanne Wasser: Wir hatten für das laufende Schuljahr für die Stadt Offenbach 10.000,- DM im Rahmen des Projekts 'Öffnung von Schule' für 27 Schulen - 10.000,- DM! Nun ist die politsche Zusage, und ich weiß nicht, wie der Haushalt '95 aussieht, wohl da, daß diese Mittel erhöht werden. Natürlich müssen sich die Berufsschulen hier einklinken, denn bei 10.000,- DM ist die Konkurenz sehr groß. Da kommen die einzelnen Schulleiter und beschreiben uns, welches Projekt sie haben. Da kann ich einfach nur sagen, die Projekte müssen definiert und beschrieben werden, damit sie in der Konkurrenz bei der Vergabe der Mittel bestehen können. Aber überlegen Sie, wie hoch die Kosten dieses Modellprojekts waren und man die zur Verfügung stehenden 10.000,- DM dem gegenüberstellt ... Es kamen dieses Jahr noch einzelne Sonderprojekte dazu, aber die bewegen sich auch alle in dem Rahmen von 3000,- bis 5000,- DM für einzelne Schulen. Aber wie gesagt, es ist die politische Zusage da, daß dieser Ansatz im Haushalt erhöht wird."

Schermer: "Ich habe nie behauptet, daß man mit den Mitteln von 'Öffnung von Schule' alles machen kann, aber ich sehe, wie immer in solchen Fällen, daß man alle Mittel, die es gibt, zusammenkratzen muß und da ist 'Öffnung von Schule' ein Teil davon. Und wenn Sie letztes Mal beim Beantragen Pech gehabt haben, dann müssen wir zukünftig sehen, daß wir beim nächsten Mal - das wird zwar unten verteilt, aber oben wird es zugewiesen -, da auch ein bißchen mit drandrehen, das rettet das zwar nicht, das weiß ich, ich bin daher dankbar, daß hier gesagt worden ist, es gibt auch andere Möglichkeiten. Es gibt z. B. die Lehrauftragsmittel. Und man muß darüber nachdenken, wir haben auch in diese Richtung bereits mit Herrn Dr. Spahn diskutiert, daß wir da etwas mehr als bisher machen. Das ist eine Entscheidung in der jeweiligen Schule, ob sie das will oder nicht. Genau wie Sie gesagt haben, wenn man das will, dann kann man auch Mittel dafür finden und umwidmen. Ich muß da jetzt einmal sehr vorsichtig sein, Herr Scholz, Ihre Ressourcensicherungserfahrungen in allen Ehren - man muß ja immer mit allen rechnen, die hier zuhören -, ich weiß auch, daß das bei einigen Unwillen eregt, aber in den beruflichen Schulen steigen die Zahlen, mindestens im Teilzeitbereich, nicht. Ich weiß sehr wohl, daß es eine Umschichtung von Teilzeit auf Vollzeit gibt, die genauen Zahlen sind mir noch nicht bekannt, dadurch steigt auch der Bedarf. Aber der Bedarf steigt in anderen Bereichen, in anderen Beruflichen Schulen ein bißchen mehr von den Schülerzahlen her gesehen. Von daher denke ich, das ist wirklich eine Frage, wie man da klarkommt und ich verstehe das alles, aber ich denke, das muß hier nicht der Hinderungsgrund sein.

Und noch ein Wort zu den Fragen nach Schleswig-Holstein. Als wir die neue Berufsschulverordnung gemacht und die Stundentafeln geändert haben, wurde über die 'Musisch-kulturelle Bildung', zu meinem Erstaunen, von niemandem irgendetwas gesagt. Weder von Arbeitgeber- noch von Arbeitnehmerseite wurde etwas dagegen vorgebracht. Es kann ja sein, daß sie gedacht haben, die machen das eh nicht, deshalb interessiert uns das nicht. Aber nun steht es drin und es ist unumstritten bei allen durchgelaufen. Darüber kann man auch bei den Arbeitgebern diskutieren, das ist ganz unterschiedlich. Ich denke, da gibt es wirklich viele, die das für vernünftig halten, und andere wieder nicht , wie z. B., wie heute morgen gesagt wurde, öffentliche Verwaltungen, in denen die Menschen eher konservativ sind, dann bedauere ich das natürlich, aber ich kann es auch nicht ändern. Also, ich würde Ihnen empfehlen, machen Sie es wie wir, mit so einem Wahlpflichtbereich, wo das auch drin steht, aber nicht ausschließlich. Damit haben Sie vielleicht mehr Erfolg, das durchzusetzen. Und so lange wir noch so wenig auf dem Sektor zu bieten haben, bekommen wir da auch keinen größeren Etat.

Ich würde sehr darum bitten, daß wir hier versuchen, überall weiterzumachen und das in kleinen Schritten. Mehr kann das überhaupt nicht sein."

Spahn: "Vielen Dank, Herr Schermer! Das war doch wieder ein kleiner Hoffnungsschimmer für die Schulen, an den Schulleitern wäre es ja dann diese Mittel zu beantragen. Wir, von der Jugendkunstschule, wollen auch unseren Teil dazu beitragen, wie ja Frau Ringwald heute früh bereits gesagt hat, und da müßte es zumindest möglich sein, die Sache nicht in Vergessenheit geraten zu lassen, um es einmal bescheiden auszudrücken.

Krämer: "Ich wollte noch einmal betonen, wie wichtig mir persönlich die 'Öffnung von Schule' ist und was ich für ein ungutes Gefühl habe, wenn man sagt, die Lehrerinnen und Lehrer sollen jetzt noch eine '25.' Zusatzqualifikation erwerben, so nach dem Motto 'Kunst kann jeder'. Ich finde, da wird man der Kunst nicht gerecht und ich weiß auch, hier in Offenbach gibt es eine Menge Künstlerinnen und Künstler, die auch froh sind über Jobs. Die sind gut ausgebildet, die haben das studiert, die sind Profis. Warum sollen wir sie nicht nutzen? Das ist volkswirtschaftlich ein Unding, wenn wir jetzt den Schwerpunkt auf die Lehrerforbildung verlagern. Dort bekommen wir irgendeine Lari-fari-Qualifikation und die Künstlerinnen und Künstler gehen aufs Sozialamt. Das halte ich für völlig abwegig. Deswegen möchte ich mich da auch noch einmal sehr dafür ins Zeug werfen, denn ich habe es auch für mich als sehr positiv empfunden, durch die Zusammenarbeit mit einer Künstlerin oder einem Künstler mal wieder so einen ganz anderen Blick auf Schule zu bekommen. Denn es besteht ja immer die Gefahr, daß man so in seinem eigenen Saft schmort und gar nicht mehr so richtig über den eigenen Tellerrand hinausschaut. Durch die Mitwirkung einer völlig schulfremden Person bekommt man auch wieder einen ganz anderen, kritisch-distanzierten Blick auf das, was bei uns in der Schule abgeht."

Spahn: "Ich danke Ihnen, Frau Krämer, Sie haben mir aus der Seele gesprochen, und ich denke, daß wir in der Jugendkunstschule auch das entsprechende Potential an Kolleginnen und Kollegen haben, die Erfahrungen diesbezüglich haben und diese gerne in die Schule einbringen."

Müller: "Man bekommt natürlich auch ein anderes Verhältnis zu den Lerngruppen, das sollte man hier nicht vergessen, und man bekommt natürlich auch zusätzliche Impulse durch die Profis, die zu uns in die Schule gekommen sind. Aber die Impulse reichen für meine Begriffe nicht aus, um diese Woge, die von Ihnen so plastisch beschrieben wurde, nun so ohne weiteres am Laufen zu halten. Da kommen viele äußere Umstände hinzu, die uns den Schulalltag eben erschweren, abgesehen davon, daß die Altersstruktur in den hessischen Kollegien nicht gegen 20 geht, sondern so um die 50 Jahre liegt oder sogar ein bißchen höher, und daß der eine oder andere Kollege oder die eine oder andere Kollegin nicht mehr so motiviert ist, wie die Barbara Krämer-van de Loo. Insofern sage ich auch immer: 'Wo ein Wille ist, ist auch ein Weg.' Das ist auch mein Motto und ich bin bereit - das werden die Kolleginnen und Kollegen meiner Schule, die heute auch anwesend sind, sicherlich unterstreichen können -, mich dafür einzusetzen und habe auch schon einige Wege beschritten. Nur, wenn Sie dann, Herr Schermer, sagen: 'Versucht's doch mal über einen Lehrauftrag.' Mache ich das gerne. Aber wenn man mit 16,- DM pro Unterrichtsstunde, noch verteilt auf die Jahreswochen, kommt, dann wird erst einmal abgewunken. Dann wird leicht verwiesen auf den Freistaat Bayern, wo vergleichbare Sätze bei 40,- DM liegen. Inzwischen ist dieser Satz aufgrund einer Initiative des Hauptpersonalrats etwas angehoben worden, aber trotzdem können wir nicht so ohne weiteres die Künstlerin oder den Künstler hervorlocken mit einem Angeobt, das im Grunde genommen ihre Arbeitstätigkeit ausnutzt, um nicht zu sagen, sie geradezu ausbeutet. Da muß man sogar als Schulleiter gewisse moralische Bedenken haben, um jemanden zu diesem sehr niedrigen Satz, auch wenn er inzwischen bei 20,- DM liegen sollte, anzustellen. Denn da ist sehr, sehr viel Arbeit und Engagement notwendig.

Eine andere Sache muß man natürlich auch offen sagen, ist die Zusammenarbeit mit der Industrie und Wirtschaft oder den Versicherungsbetrieben, die ist in der Tat schwieriger, um nicht zu sagen, die Distanz ist wesentlich größer als beispielsweise zum Handwerk. Bei Handwerksbetrieben haben wir doch weniger Überbrückungsschwierigkeiten die Berührungsängste sind da geringerer Art. Aber in anderen Bereichen muß man doch noch das eine oder andere Gespräch führen. Wobei ich persönlich der Meinung bin, auch in der Bundesrepublik Deutschland werden wir von den modernen Managementmethoden, die aus Japan herübergekommen sind, z. B. vom Lean-Management, wieder herunterkommen. Denn die Japaner gehen ja inzwischen auch einen anderen Weg, sie sprechen nicht nur vom Lean-Management, das hat die Barbara Krämer ja auch schon dargestellt, sondern auch von der Humanisierung der Arbeitswelt, was unsere Gewerkschaften ja auch schon seit Jahrzehnten fordern, was aber in den letzten Jahren immer weniger Bestand in unserer Berufs- und Arbeitswelt genossen hat. Die Japaner fordern, daß der Arbeitsplatz individuell, durchaus kreativ, gestaltet werden soll, um auch dem Individuum, dem Menschen eine Möglichkeit zu geben, sich zu entfalten und damit seine Umwelt oder das Produkt zu gestalten. Ich glaube, diese Methoden werden, wie immer mit etwas Zeitverzögerung, auch wieder in die Bundesrepublik kommen und dann werden unsere Manager im Industriebereich, die heute noch skeptisch sind und dem Herrn Dr. Spahn diese, für meine Begriffe, unzutreffenden Antworten geben, auch umlernen, umdenken müssen. Sie werden vielleicht einmal froh sein, auf das zurückgreifen zu können, das wir hier als Modellversuch, als Plattform geschaffen haben und das wir auch mit vereinten Kräften weiterentwickeln werden. Es gibt sicherlich von Seiten der Berufsschulen in Stadt und Kreis Offenbach den einen oder anderen Ansatzpunkt, aber über eines müssen wir uns auch klar sein: Es wird nicht mehr mit dieser Woge weiter unterrichtet, gestaltet, kreativ gearbeitet werden können, wie in den letzten vier Jahren. Aber trotzdem, es wird viel rüberkommen und es kommt noch ein anderes hinzu. Wir müssen auch in den Kollegien sehen, warum es Berührungsängste gab - der Herr Scheuerer hat das ja gesagt, bei den Bäckern ist das nicht so gelaufen -, da muß man natürlich auch fragen: Wer unterrichtet? Erstens sind es natürlich wieder Männer, die Bäcker, das ist hier auch schon deutlich geworden ... Zweitens welche Persönlichkeitsstrukturen sind vorhanden? Das muß man natürlich auch berücksichtigen, daß die Kolleginnen und Kollegen Berührungsängste haben. Deshalb haben wir an unserer Schule flankierend schulinterne Fortbildungsmaßnahmen durchgeführt mit Unterstützung des Kollegiums, das am Anfang auch etwas zurückhaltend gewesen ist. Auch deswegen, weil da ein neuer Schulleiter ist, der will nur, daß wir mehr leisten oder was auch immer da gesagt wurde. Und am 3. schulinternen Lehrerfortbildungstag haben wir sogar Gestaltpädagogik gemacht, haben Theateraufführungen gemacht, Kolleginnen und Kollegen, die inzwischen auf die 60 Jahre zugehen, haben bis um 17.00 Uhr noch einen Sketch vorgeführt. Es hat also einige Motivierungsmöglichkeiten gegeben, um von daher flankierend, das zu unterstützen, daß auch die Berührungsängste, die auf Seiten der Kolleginnen und Kollegen bestehen, aufgebrochen werden. Aber das sind natürlich extrinsische Motivationen, darüber bin ich mir auch im klaren, dieses geht nicht von heute auf morgen, da müssen wir kollegial zusammenarbeiten. Wenn wir das so tun wie bisher, dann kommen wir auf diesem Gebiet weiter und die Ansätze, die hier so fruchtbar gelegt worden sind, die ge raten nicht in Vergessenheit, sondern die werden weiter zum Blühen in unserer Schule, in den Schulen in Stadt und Kreis Offenbach kommen."

Spahn: "Danke, Herr Müller! Das war ja schon fast eine Art Schlußwort. Aber das soll nicht heißen, daß die Diskussion jetzt beendet ist. Sind noch Wortmeldungen? Keine Wortmeldungen mehr? Dann habe ich tatsächlich den Eindruck, das war das Schlußwort ; das kann ich auch gut unterstreichen. Dann bleibt mir nichts anderes, als Ihnen zu danken, daß Sie gekommen sind, daß Sie interessiert teilgenommen haben. Ich denke, es war sicher auch eine Bereicherung, es war ja kein - möchte ich einfach mal selbstlobend sagen - langweiliger Tag, sondern es war unterhaltsam, es gab die verschiedensten Aspekte, wir konnten mitmachen, sind einbezogen worden, interaktiv gewesen, um das schöne Schlagwort zu gebrauchen.

Ich denke auch, daß sich der Gedanke der musisch-kulturellen Bildung verstärken wird. Ja, daß wir nicht so resignativ oder pessimistisch sein müssen, daß es sicher noch eine Zeit lang dauern wird, aber hier sind ja einige Personen im Saal, die dafür stehen - wir selbst wollen das auch tun -, daß eben diese Arbeit in den Berufsschulen weitergeführt wird.

Ich danke Ihnen für Ihre Aufmerksamkeit! Den Abschlußbericht werden wir Ihnen dann zuschicken. Ich schätze, daß das im Frühjahr nächsten Jahres sein wird."

Vogt: "Darf ich vielleicht noch ein Schlußwort sagen, bevor Sie ganz aufhören? Ich danke Ihnen nicht nur im Namen des Kultusministeriums, sondern in aller Namen für die Beharrlichkeit, das Engagement und auch die Sensibilität, mit der Sie diesen Modellversuch durchgeführt haben. Ihnen, Herr Dr. Spahn, und Herrn Scheuerer und denen, die uns heute gezeigt haben, worin ihre Arbeit bestanden hat, noch einmal einen ganz besonderen Dank, weil ich denke, diese Anschaulichkeit ist wirklich nötig, um sich ein Bild zu machen und vieles, was sich an Qualität darstellt, zeigt sich erst in kleinen Details und nicht auf dem Papier eines Zwischen- oder Abschlußberichts. Vielen Dank!"

Teil B

Praxisbeispiele und Fragestellungen des Modellversuchs

Stefan Scheuerer
1 Beispiele aus der Praxis des Modellversuchs
Texte zu den Farbabbildungen

1 + 2 Masken
Das Thema Masken bot den Schülern einen starken Anreiz, ihre Phantasie in einer differenzierten Gestaltung der plastischen Ausformungen des Grundkörpers und deren Oberflächenstrukturen sowie in der späteren farblichen Glasurbemalung auszudrücken. Sie zeigten hierbei größere Ausdauer, Konzentration und Ideenvielfalt als bei anderen Aufgaben.
BVJ kfm (15 - 17 J.), Töpfern

3 + 4 Schreibtischbox
Die Aufgabe barg die Forderung nach einer funktionsgerechten Lösung. In ihrer Schlichtheit und handwerklichen Ausführung tragen die beiden "Werke" trotzdem noch individuelle Züge, die sie von einem industriellen Produkt unterscheiden. Diese Erfahrung ließ bei vielen Schülern einen inneren Konflikt aufbrechen, nämlich daß die (eigene) individuelle Handschrift ein Makel ist und daher geringer zu schätzen ist als ein uniformer Gegenstand. Diese inhaltliche Auseinandersetzung bot zudem die Möglichkeit, das kaufmännisch-verwaltende Berufsfeld der Schüler einzubeziehen, indem man aufzeigt, daß man Einfluß auf die Gestaltung seiner (beruflichen, privaten) Umwelt nehmen kann, auch wenn sie zunächst gering erscheint.
BVJ kfm (15 - 17 J.), Töpfern

5 Konzentration

Die ebenfalls selbstgewählte Aufgabe der Schülerin setzte ein hohes Maß an Ausdauer voraus, da sie ihrem Bild eine filigrane Zeichnung zugrunde legte, die sie in einer differenzierten Farbigkeit kolorierte. Sie trainierte damit ihre Feinmotorik, ihre Farbwahrnehmung und ihre Fähigkeit, Farben passend nach ihrer Vorstellung zu mischen, sowie ihr Konzentrationsvermögen. Alle diese "Arbeitstugenden" wurden äußerst motiviert eingeübt, weil der Schülerin ein sichtbares, vorzeigbares "Endprodukt" vor Augen war, das ihr als Arbeitsleistung auch erhalten bleibt und auf das ihre Umwelt mit Lob reagieren würde.

VSU (17 - 18 J.), Seidenmalerei

6 + 7 Teamarbeit

Die gestalterische Offenheit der Unterrichtssituation führte die beiden Schülerinnen zu einer selbstgewählten Aufgabenstellung, die durch den dialogischen Handlungsprozeß der beiden untereinander und mit dem entstehenden "Werk" zu einer kraftvollen Leistung führte. Die Schülerinnen waren selbst über das Ergebnis überrascht, da sie der Tragfähigkeit ihrer spontanen Idee und Arbeitsweise mißtrauten. Mit dem fortgeschrittenen Arbeitsprozeß wurden auch die Dialog- und Reflexionsphasen über das weitere Vorgehen häufiger. Die Farben wurden immer gezielter auf das bestehende Gefüge abgestimmt, so daß sich trotz aller Buntheit des Tuches eine ausgewogene Bildgestaltung entfaltete.

VSU (17 - 18 J.), Seidenmalerei

8, 9 + 10   Arbeitsprozeß und plastische Form

Das ungewohnte Handlungsfeld bot den Schülerinnen sinnlich-taktile Erfahrungsmöglichkeiten mit einem "handfesten" Material, das nicht nur Beobachtungsgabe, Ausdauer und Feinmotorik schulte, sondern auch eine lustvolle, kompensatorische Tätigkeit gewährte. Der dialogische Schaffensprozeß zwischen Speckstein und Schülerin konkretisierte sich in den beiden Arbeiten unterschiedlich. Im einen Beispiel "provozierte" die äußere Form des Steins die bildliche Projektion eines "Fußes", die die Schülerin konsequent herausarbeitete, im anderen Beispiel war der Dialog zaghafter, subtiler, aber auch zugleich Aussage des Werkes. Die Ausbildung von bearbeiteten großen, planen Flächen ist so betrieben worden, daß trotzdem ein ausgewogenes Verhältnis zu den naturbelassenen unregelmäßigen, konkav-konvexen Teilen besteht und diese durch leichtes Überarbeiten formal einander angenähert wurden.

ReNo (17 - 23 J.), Plastisches Gestalten

11 Standbild "Die da ..."
Die Aufgabe für die Schülerinnen bestand darin, nur durch Gesten, Mimik und Körperhaltung eine alltägliche Situation darzustellen. Dies geschah durch allmähliches Herantasten und Ausprobieren: Welche Geste wirkt am aussagekräftigsten? War dieser Prozeß abgeschlossen, sollte jede Darstellerin in der gefundenen Pose erstarren und so zusammen mit den anderen Akteuren zu einem lebenden Standbild werden, das durch die übrige Gruppe interpretiert werden sollte.

ReNo (17 - 16 J.), Darstellendes Spiel

12 + 13 Zeichentechniken
Die Auszubildenden zur Damenschneiderin erarbeiteten in einem thematischen Block über mehrere Übungsstunden intensiv eine Vielzahl von zeichnerischen und malerischen Techniken. Hierzu gehörten auch Kreide- und Buntstiftzeichnungen. Die Übung mit den Buntstiften (12) zeigt die Anwendung von Kreuzschraffuren, die spielerisch durch die Wahl der Farben und Zeichenrichtungen variiert werden. Die einzelnen "Gewebeflächen" bilden ein abwechslungsreiches und rhythmisches Gefüge. Bild 13 gibt eine Kreidezeichnung wieder, die durch Aussparen des an sich gemeinten Motivs (Silhouette) entstanden ist. Eine Methode, um unsere übliche Wahrnehmung der Dinge anders zu fokussieren und dadurch eine konzentriertere Beobachtung zu erreichen.

DS (16 - 23 J.), Mode- und Figurenzeichnen

14 + 15 Freilandplastik
Die Aufgabe für die Gruppe bestand darin, aus Abfallmaterialien Plastiken für den Lichthof der KKS zu gestalten. Im abgebildeten Beispiel entschieden sich die Schülerinnen für Dosen und Kronkorken. Verbunden wurden die einzelnen Teile mit Gips. Die Gestalt der Plastik wurde aus den Elementen und ihren Variationsmöglichkeiten entwickelt. Um eine größere Geschlossenheit zu erzielen und die Dosen noch stärker zu verfremden, wurde die Plastik in verschiedenen Blautönen bemalt. Die Schülerinnen setzten sich nicht nur intensiv mit Formfragen (und moderner Plastik) und mit den Gestaltungsmöglichkeiten von Abfallmaterialien auseinander, sondern trainierten auch ihre Fähigkeit, in einem Team gemeinsam an der Lösung einer Aufgabe zu arbeiten.
FSO (18 - 33 J.), Plastisches Gestalten

16 + 17 Fingerfarben

Bei der Auseinandersetzung mit wahrnehmungspsychologischen Phänomenen und symbolischen Deutungsmöglichkeiten der Farben machten die Schülerinnen auch ganz "hautnahe" Erfahrungen mit dem Medium "Farbe". Der Einsatz von Fingerfarben diente dem Zweck, von meist gegenständlichen Bildsetzungen leichter zu "reinen" Farbwirkungen bzw. symbolischen Setzungen zu gelangen. Die haptischen Erlebnisse des Farbmatschens auf dem Papier sind u. a. durch sinnlich-lustvolles Erleben und das Ausleben regressiver Anteile der Persönlichkeit gekennzeichnet.

FVA (18 - 19 J.), Malen und Farbpsychologie

18 + 19 Malspiel

Beim anschließenden Malspiel ging es darum, mit Fingerfarben bestimmte Kommunikations- oder Interaktionsformen mit einer Dialogpartnerin darzustellen (z. B. Freundschaft, Streit). Je nach dem Grad der Intensität und dem Mut, sich auf die Situation einzulassen, wurden die Aufgaben verschieden aussagekräftig gelöst. In den Bildern ist ein fortgeschrittener Dialog zu sehen, der nach ersten zaghaften (farbigen) Begegnungen zunehmend die Position der eigenen Person verschieden energisch zu festigen (schwarzer Pfeil) oder durch Territorienaufteilung (Diagonale) abzugrenzen versucht. Es werden aber bereits "ertastende" Alternativen sichtbar, um die abblockenden Konfrontationen aufzubrechen.

FVA (18 - 19 J.), Malen und Farbpsychologie

20 - 23 Farblabyrinth

Die Variationen zu einem Farblabyrinth entwickelten sich zunächst aus dem spielerischen Verändern des Blattes Papier durch die Schülerin, die dem Mal-Angebot sehr skeptisch gegenüber stand, weil sie darin keine berufliche Verwertbarkeit sah und deshalb nicht die Malübungen machen wollte, die gestellt worden waren. Sie näherte sich dem Medium Farbe aber schließlich durch den "Umweg" über das Papier, die erste gestalterische Ebene. In der zweiten Ebene bemalte sie mit wechselnden, parallelen Farbbändern, die sich zu einem Quadrat fügen, das Papier, ohne die Faltungen zu berücksichtigen. Erst im nachhinein erschließt sich die kreative Kraft dieser Arbeit durch das verschiedene Auffalten des Papiers, das neue Beziehungen zwischen "Bild" und "Grund" schafft, die in ihrer Komplexität kaum im vorhinein planerisch zu gestalten gewesen wären.

FVA (18 - 19 J.), Malen und Farbpsychologie

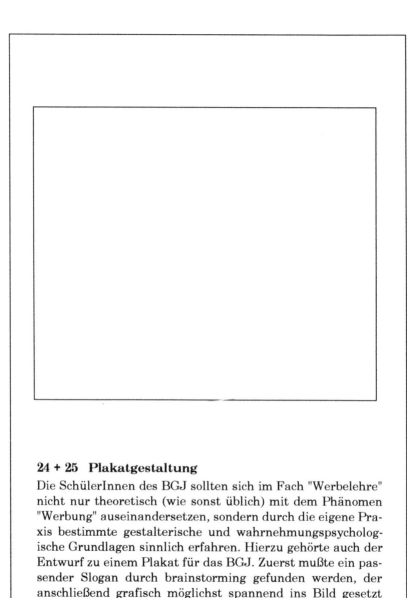

24 + 25 Plakatgestaltung

Die SchülerInnen des BGJ sollten sich im Fach "Werbelehre" nicht nur theoretisch (wie sonst üblich) mit dem Phänomen "Werbung" auseinandersetzen, sondern durch die eigene Praxis bestimmte gestalterische und wahrnehmungspsychologische Grundlagen sinnlich erfahren. Hierzu gehörte auch der Entwurf zu einem Plakat für das BGJ. Zuerst mußte ein passender Slogan durch brainstorming gefunden werden, der anschließend grafisch möglichst spannend ins Bild gesetzt werden sollte.

BGJ kfm (16 - 17 J.), Visuelle Kommunikation

▲ 3

4 ▼

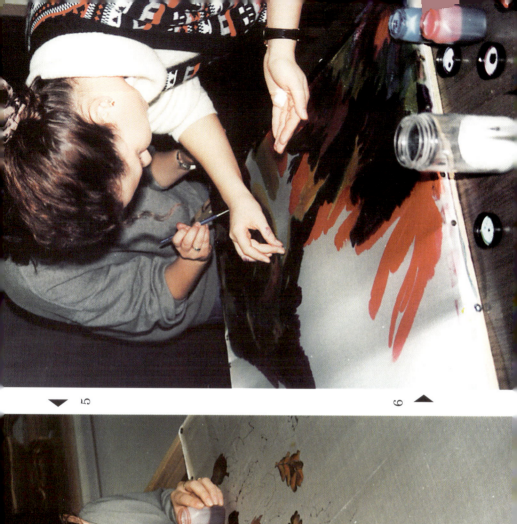

7

8

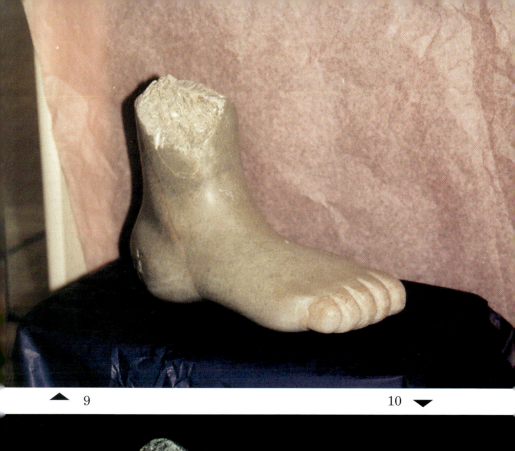
9

10

▲ 11 12 ▼ 13 ▼

14

15

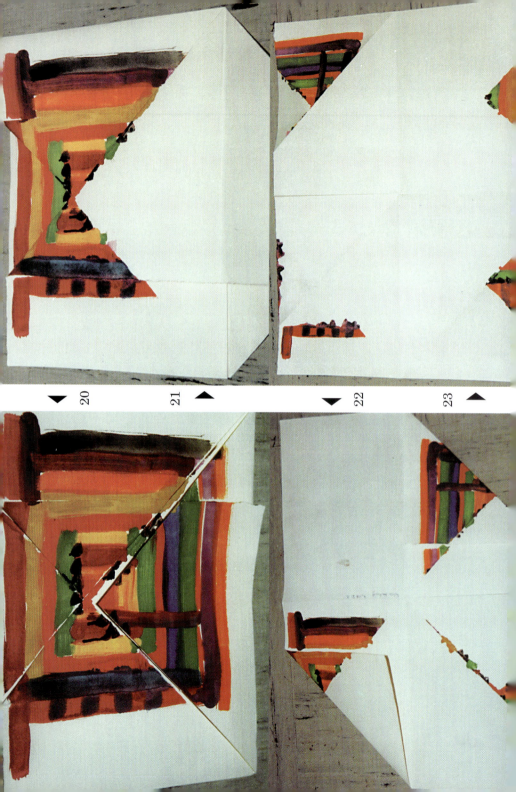

iM BG]
ist die Stimmung
COOL, lässig und FLOtt

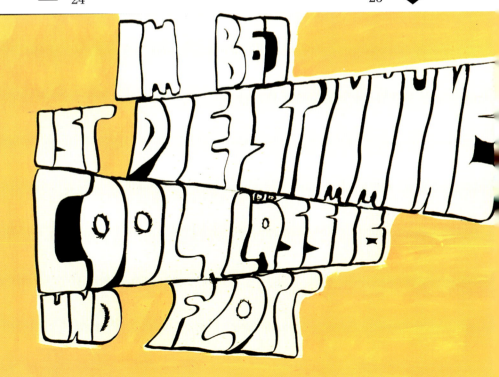

▲ 26   27 ▼   28 ▼   29 ▼

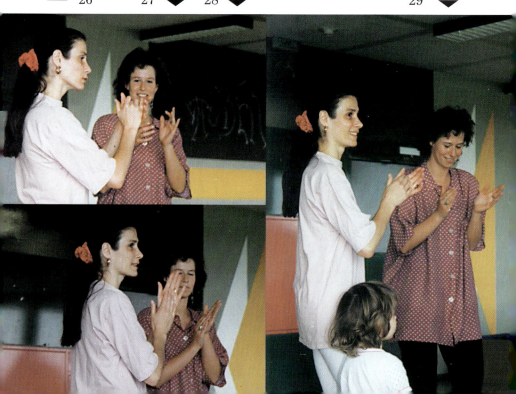

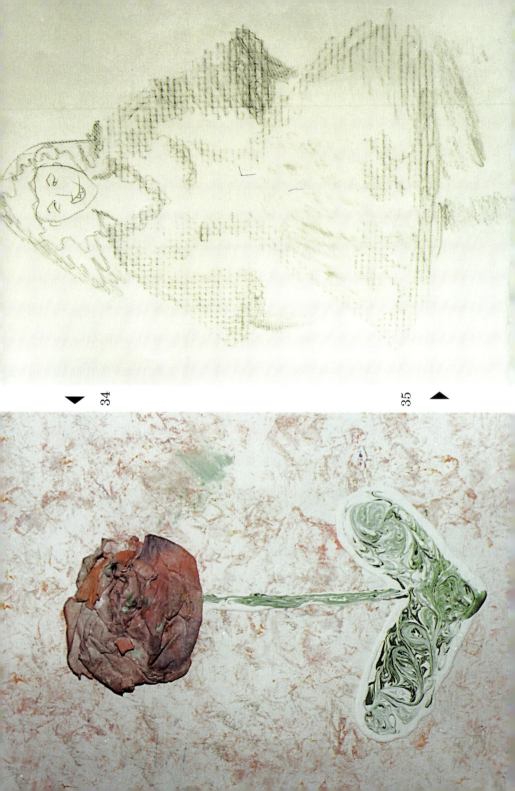

34 ▼

35 ▲

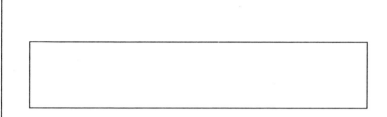

26 Choreografie

Basierend auf einfachen Jazz Dance-Schritten wollten die Erzieherinnen auch einmal eine kleine Choreografie erarbeiten, um diese Erfahrungen später vielleicht in der Kindergartenpraxis, z. B. für kleine Aufführungen, nutzen zu können. Es bereitete sichtlich Mühe, innerhalb dieser einfachen Grundformation, die wiederum in unzählige Varianten verändert werden kann, synchron zu bleiben und eine ausdrucksstarke Körperhaltung einzunehmen.

BP (18 - 26 J.), Tanz/Rhythmik

27, 28 + 29 Klatschen

Das Geräusch des Klatschens läßt sich neben der rhythmischen Abfolge auch klanglich variieren, je nachdem wie die Handflächen zueinander geformt werden bzw. an welcher Stelle innerhalb der Handfläche geschlagen wird. Man sieht die Anspannung und Konzentration der Schülerin, beide Gestaltungsformen in Einklang zu bringen und nicht aus dem vorgegebenen Rhythmus zu geraten.

BP (18 - 26 J.), Tanz/Rhythmik

30 - 33 Sich öffnen

Bild 30 zeigt noch deutlich, daß die Aquarellfarbe wie Deckfarbe behandelt wurde, das Transparente, Leuchtende der Farben fehlt noch, sie wirken eher düster und "gemauert". Die Landschaft ist noch von den Gestaltungsschemata der spätkindlichen Phase geprägt (wenig ausgeprägte Perspektive, kaum Differenzierungen, Konturierung der Flächen). Im nächsten Bild wurde bereits ein Entwicklungsschritt in die Richtung einer Ausbildung des perspektivischen Bildraums (Denkraums) durch eine entsprechende Komposition (Diagonale), Größenkonstanz (Bäume) und Farbperspektive (Abnahme der Farbintensität) vollzogen. Diese sichtbaren Erfolgserlebnisse führten zu mehr Selbstvertrauen und Mut, noch weiter zu experimentieren. Die Abgrenzung der einzelnen Farbflächen wurde noch stärker zurückgenommen. Dieser Vorgang wurde durch die Technik der Naß-in-Naß-Malerei, einer charakteristischen Vorgehensweise beim Aquarell, gefördert, weil sie dem Zufall Spielraum läßt durch das relativ unkontrollierbare Ineinanderfließen und Mischen der benachbarten Farben. Diese offenere "Struktur" kann nun ein Betrachter als Freiraum für seine Fantasie (Interpretation, Assoziationen) nutzen, um so einen Kommunikationsprozeß einzuleiten (s. a. Text S. 63f.).

BVJ soz (15 - 17 J.), Aquarellmalen

34 Unkonventionelles

Die Aufgabe für die SchülerInnen bestand darin, mit unkonventionellen Hilfsmitteln (ohne Pinsel) ein Bild zu gestalten. Im Bildbeispiel verwendete die Schülerin zerknülltes Klopapier, um den Bildgrund durch Tupfen zu strukturieren. Da sie aber von dieser Tätigkeit "genervt" war, warf sie das feuchte, bunte Papierknäuel auf die Bildfläche und ließ es liegen. Der Kursleiter nahm dieses Gebilde als Bildsetzung ernst und begann mit Assoziationen (Methode des Kreativitätstrainings). Eine lautete, es sieht wie eine aufgeblühte Rose aus. Diese Interpretation löste zunächst Befremden aus, wurde aber schließlich thematisch durch die Schülerin aufgegriffen (gezielte Realisierungsphase). Um zwischen dem stark ausgeprägten Relief der Blüte und dem flachen Bildgrund zu vermitteln, trug sie die Farbe für Stiel und Blätter pastos auf (s. a. Text S. 64f.).

FSU (18 - 21 J.), Temperamalerei

35 Ästhetische Reflexion

In einem thematischen Block zu Zeichentechniken entstand diese Bleistiftzeichnung einer Schülerin. Ihre Frische erhält diese Arbeit auch dadurch, daß sie am Ende einer Reihe von Techniken stand und sowohl die Hand gelockert war als auch eine produktive Dynamik in der Gruppe eingesetzt hatte. Die Schülerin ironisiert mit dieser spontanen Zeichnung ihren zukünftigen Berufszweig, nämlich die Glamourwelt der Mode und der "schönen" Frauen. Die "Häßlichkeit" der Dargestellten bietet Raum zum Gespräch und zur Reflexion über das Diktat der Mode, der Definition, was schön ist und wie sich eine junge Frau dem gegenüber verhalten kann (s. a. Text S. 66f.).

DS (16 - 23 J.), Mode- und Figurenzeichnen

36, 37 + 38 Marmorieren

Das Marmorieren ist ein aleatorisches Prinzip mit unzähligen Variations- und Anwendungsmöglichkeiten der Papiergestaltung. Es ist ein relativ einfaches Verfahren, das mit Ölfarbe auf einem Kleistergrund arbeitet. Da "nur" Strukturen gestaltbar sind, wagen sich auch gehemmte SchülerInnen an diese gestalterische Tätigkeit, die dekorative Blätter erzeugt, die als Einband- und Geschenkpapier oder zum Bekleben von Schachteln dienen können. Durch diese Anwendungsmöglichkeiten bieten sich auch gewisse Möglichkeiten der Präsentation in der "Öffentlichkeit", z. B. beim Verschenken, die i.d.R. mit Lob verbunden sind und so auch zur Steigerung des Selbstbewußtseins betragen und das Vertrauen in die eigenen Fähigkeiten der SchülerInnen stärken.

FSU (18 - 21 J.), Gestalten mit Papier

39 Fotografie

Zu sehen ist fotografisches Bildmaterial, das in einer Multimedia-Show (s.a. Kap. 3.2) in Form von Diaprojektionen eingesetzt worden war. Das Thema der Fotos, das eine in sich geschlossene inhaltliche und technische Einheit darstellte, lautete: Wie sehe ich mich? Wie sehen mich die anderen? Wie läßt sich der Gesichtsausdruck verändern? Hier wurde er bis zur Verfremdung und zum Maskenhaften variiert. Neben dem spannenden Experimentieren bot diese Aufgabe den SchülerInnen auch die Möglichkeit, mit den anderen ins Gespräch zu kommen.

BSF kfm (15 - 17 J.), Multimedia-Show

40 Podiumsdiskussion

Teilnehmer von links nach rechts:
Werner Scholz (Staatl. Schulamt), **Gerd Müller** (KKS), **Sylvia Schopf** (JKS), **Bernd Spahn** (JKS, Moderation), **Barbara Krämer-van de Loo** (THS), **Gabriele Vogt** (Hess. Kultusministerium), **Stefan Scheuerer** (JKS).

2 Beantwortung der Fragestellungen des Modellversuchs

1. Welche künstlerischen Gestaltungs- und Ausdrucksformen sind besonders gut geeignet für Unterrichtsangebote in den beteiligten beruflichen Schulen?

Wenn kein Werkraum zur Verfügung steht, sind solche Techniken sinnvoll, die wenig Schmutz und Aufräumarbeiten bereiten bzw. geringe Vorbereitungszeiten und wenig Lagerraum benötigen.

Prinzipiell sind alle **bildnerischen Techniken** anwendbar, ebenso **Fotografie** und **Video**, wenn entsprechende Gerätschaften sowie Fotolabor oder Schneideplatz zur Verfügung stehen oder geliehen werden können. Den Ausschlag für eine bestimmte Technik gaben personelle als auch inhaltliche Gesichtspunkte. Wichtig ist, ein Thema zu finden, das die Jugendlichen bewegt/interessiert. Oder Aspekte an den Tag legt wie: Was will ich sagen? Was empfinde ich? Was beschäftigt mich?

Schwierigkeiten gab es gelegentlich nur bei methodischen Zugängen zu bestimmten Themen (z.B. Figurenzeichnen), wenn den SchülerInnen der vorgeschlagene Weg zu fremdartig erschien. Interessanterweise zeigten SchülerInnen mit höherem Bildungsabschluß (Mittlere Reife oder Abitur) oft größere Blockaden, weil sie zu "verkopft" waren. Sie wollten einerseits alles rational erklärt haben und vor dem eigenen Tätigkeitsprozeß verstehen und andererseits diese zu erwerbenden Fähigkeiten sofort ohne Übungsphase beherrschen. Sie wollten also keinen großen Arbeitsaufwand investieren und waren nicht bereit, sich von verinnerlichten Klischees zu trennen oder "technische" Hilfen anzunehmen. Einen anderen Weg kann man mit (aleatorischen u.ä.) Techniken einschlagen, die schnell zu sichtbaren (imponierenden) Ergebnissen führen. Problematisch sind diese Verfahren zum einen dann, wenn sie das ausschließlich auf raschen "Genuß" orientierte Konsumentenverhalten (der SchülerInnen) verstärken, also nicht die Geduld trainieren, die Wahrnehmung sensibilisieren für Unterschiede etc., und zum anderen besteht die Gefahr, wenn solche "Klecksbilder" nicht in ein weiterführendes Konzept eingebunden sind, daß sie die alltägliche Effekthascherei und Augenblenderei genauso hervorrufen, wie z. B. die Werbung, ohne sich darüber bewußt zu werden.

Das **Darstellende Spiel** hat sich ebenfalls bewährt. Es kann aber zu Verweigerungshaltungen kommen, weil die Hemmschwelle, die eigene Person exponiert in den Blick der anderen zu rücken, größer ist als bei bildnerischen Verfahren, bei denen die Urheberperson indirekt einfließt. **Tanz/Rhythmik** ist ebenfalls wegen der größeren Hemmungen sich zu präsentieren problematisch. Es muß in beiden Fällen zunächst einmal ein Vertrauensverhältnis zwischen den SchülerInnen untereinander als auch mit dem/der KursleiterIn aufgebaut werden, das je nach Gruppe verschieden lange Zeit in Anspruch nimmt, bevor man ausgehend von vertrauten (Bewegungs-) Formen (z. B. Rollenspiele, Discotänze) die SchülerInnen mit anderen Ausdrucksmöglichkeiten konfrontiert. Außerdem sollte ein geeigneter Raum zur Verfügung stehen, in dem sowohl ungestört von außen Entspannungsübungen durchgeführt werden können als auch durch das Abspielen von Musik andere Klassen nicht gestört werden.

2. Wie läßt sich die Attraktivität musisch-ästhetischer Lerninhalte für Jugendliche nutzen, um Lernprozesse hinsichtlich Urteilsfähigkeit und Geschmacksbildung anzuregen?

Durch den eigenen praktischen Handlungsvollzug werden bestehene (Vor-) Urteile relativiert, weil die betreffende Person merkt, daß das scheinbar Leichte oder Kindliche doch nicht so einfach herzustellen ist bzw. durch weiterführende Gespräche auch geistig-philosophische Hintergründe aufgezeigt werden, die Grundlage der Gestaltungen sind. Ob sich das Urteilen generell über Sachverhalte verändert, ist fraglich, da zum einen dieses "Training" im Erziehungsprozeß an einer Stelle einsetzt, wo schon grundlegende Meinungen stark verfestigt sind, sowie eine (latente) Abneigung gegenüber "belehrenden" Erwachsenen durch den (ausklingenden) pubertären Sozialisationsprozeß besteht, und das zudem einen relativ kurzen Zeitraum im Lebensrhythmus einnimmt; zum anderen ist fraglich, ob durch die SchülerInnen ein Transfer geleistet werden kann, der auch außerhalb des betreffenden bildnerischen und geschützten schulischen Bereichs liegt. Hierzu bedürfte es sicherlich einer umfassenderen thematischen Einbindung in einem Verbund mit verschiedenen Fächern.

Auf die Geschmacksbildung (in der Jugendphase) verändernd einzuwirken, ist schwierig, weil die Resistenz ästhetischer Muster, vor allem der Klischees, sehr hoch ist und nur langfristig veränderbar ist. Es ist auch zu fragen, zu welchem Geschmack soll erzogen werden? Ist es angebracht von einer Hierarchie auszugehen und zu sagen, dieses Produkt ist besser als jenes? Ist für einen geistig einfach strukturierten Mann/Frau ein Gartenzwerg, der ihm/ihr Freude bereitet, nicht genauso wertvoll wie ein echter Rembrandt, vor dem er/sie gelangweilt steht? Man kann sicherlich versuchen, dem-/derjenigen einen Zugang zu Rembrandt zu verschaffen oder überhaupt die Begegnung mit dem Werk zu ermöglichen, aber man sollte nicht bevormundend tätig werden. Auch Gartenzwerge gehören zu unserer Gesamtkultur und ermöglichen erst die vorhandene "Artenvielfalt", die sich gegenseitig befruchtet. Die Idee der Geschmackserziehung ist ein altes Ideal der musischen Erziehung, aber wie zu sehen ist, sind die Erfolge bescheiden. Man kann versuchen z. B. Formen der sog. Subkultur, der Jugendkultur, aufzugreifen und anderen Kulturformen gegenüberzustellen oder diese zum Ausgangspunkt zu nehmen, um so ein Gespräch zu finden, das es ermöglicht auch auf andere Kulturbereiche hinzuweisen. Man muß versuchen, "Konfrontationen" herzustellen, gerade im schulischen Rahmen, weil man hier "alle" Jugendlichen erreichen kann und es nicht der Freiwilligkeit des einzelnen überlassen wird. Zumal die heutige Kulturindustrie (der Markt) so dominant ist, daß die im Vergleich spärlichen Geld-, Zeit- und Sachmittel der musisch-kulturellen Bildung möglichst effektiv und gebündelt eingesetzt werden müssen, um überhaupt eine Chance zu haben, wahrgenommen zu werden.

Gewinnbringender, auch unter dem Gesichtspunkt einer größeren Akzeptanz der musisch-kulturellen Bildung bei den Kritikern, wäre möglicherweise, nicht das Gewicht auf "Geschmacksbildung und Urteilsfähigkeit" zu richten als vielmehr auf "Methodenlehre und Urteilsfähigkeit". Betrachtet man das Methodenrepertoire der meisten SchülerInnen, so ist es sowohl in den Lern- und Arbeitstechniken als auch in den Kommunikations- und Kooperationsmethoden unzureichend ausgeprägt. Nur durch gezielte Übungen und anschließende Analyse der angewandten Arbeits- und Organisationsformen läßt sich die Palette der zentralen Makro-Methoden bei den SchülerInnen erweitern. Da dies alle Fächer betrifft, sind auch die Methoden entsprechend vielfältig. Zur Steigerung der Effizienz sollten daher möglichst viele Berührungspunkte und fächerübergreifende Lernformen ein dichtes Netz bilden, so daß der/die SchülerIn auch den Transfer auf andere Handlungsfelder exemplarisch erlernen kann. Bezogen auf den Bereich der musisch-kulturellen Bildung wären z. B. Makro-Methoden: Planspiele, Fallstudien, Präsentationsmethoden, Arbeitsplatzgestaltung; zu den Mikro-Methoden zählen z. B.: Heftgestaltung, Mind-Mapping, Collagen als Arbeitstechniken, als Kommunikationstechniken wären zu nennen: freies Reden, Interwiev, Diskussion, Brainstorming, Rollenspiele etc. Schaut man sich den heutigen, "erweiterten Lernbegriff" an, der sich in inhaltlich-fachliches, methodisch-strategisches, sozial-kommunikatives und affektives Lernen aufgliedert, so sind zahlreiche ästhetische (sinnliche) Lernformen vertreten, die ein ideales Trainingsfeld in der musisch-kulturellen Bildung finden (s. Klippert 1995; Malycha 1995).

3. Wie kann die Identifikation mit dem angestrebten Beruf durch künstlerische Eigentätigkeit und theoretische Auseinandersetzung mit künstlerischen Aspekten gefördert werden?

Der wichtigere Faktor ist sicherlich die eigene künstlerisch-handwerkliche Tätigkeit. Die theoretische Diskussion ist i.d.R. auf wenig Interesse gestoßen. Die Praxis war wichtig und anschließend darüber zu sprechen. Der Austausch mit anderen über ein selbst gefertigtes Produkt war immer wieder ein Bedürfnis, also die Sehnsucht nach Kommunikation, nach einem persönlichen, anteilnehmenden Gespräch. Wenn das gestillt war, konnte auch weiterführend auf Beispiele aus der Hochkultur verwiesen werden. Das Erlebnis, mit den eigenen Händen etwas Bleibendes gestalten zu können, war für viele sehr intensiv. Und es zeigte auf, daß es Möglichkeiten gibt, wenn auch im beschränkten Rahmen, seine Umwelt selbst zu gestalten. Diese Gestaltungsmöglichkeiten können sich auch in den beruflichen Bereich erstrecken. Nur gehört hier entsprechendes Selbstvertrauen dazu und möglicherweise entsprechende Argumentationshilfen zur Verteidigung. Gefördert wird durch die künstlerische Praxis sicherlich auch die Wahrnehmungsfähigkeit und Sensibilität sich selbst und anderen Personen gegenüber. Doch dürfen auch hier nicht zu hohe Erwartungen geweckt werden, da es in der privaten und beruflichen Umwelt, meist überzählig, gegenläufige, behindernde Faktoren gibt, die es erschweren, sein Verhalten zu verändern oder tatsächlich umzusetzen. Es müssen also insgesamt Rahmenbedingungen geschaffen werden, die es ermöglichen, kreativer, flexibler, teamfähiger zu sein als bisher. Man sollte diese allgemeine Kompetenzerweiterung auch nicht zu einseitig nur auf die zukünftige berufliche Arbeitssituation beziehen, sondern damit verbunden auch den privaten Bereich berücksichtigen. Die zunehmend geforderte Mobilität der Arbeitnehmer hat auch zur Folge, daß an dem neuen Wohnort auch wieder Sozialkontakte geknüpft werden müssen oder das bisherige Freizeitverhalten verändert werden muß. Auch hierfür sind Aufgeschlossenheit, Kommunikationsfähigkeit, Fantasie und Ideen vonnöten, wenn man den Menschen als soziales Wesen und als Gesamtheit betrachtet und nicht nur als ein "Arbeitstier". Blickt man noch ein kleines Stück weiter in die Zukunft, dann müssen auch entsprechende Kompetenzen ausgebildet werden, wenn die Telearbeit zu Hause Einzug hält und Personen zunehmend "on-line" miteinander arbeiten. Gegen diese "virtuelle Bildschirmwelt" erscheint es sinnvoll, real existierende taktile, sinnliche Reize, soziale Erfahrungsmöglichkeiten und dgl. entgegenzusetzen, um nicht irgendwann den Bezug zur Wirklichkeit zu verlieren. Dabei besteht die Gefahr, daß es in steigender Zahl "Sonderlinge" gibt, die aber unter wirtschaftlichen Effektivitätsgesichtspunkten keine Produktivkräfte mehr darstellen, weil sie nicht mehr kommunkationsfähig sind.

Daß für den Bereich der musisch-kulturellen Bildung noch kein Curriculum besteht, sollte genutzt werden. Die Begriffskonstruktion evoziert eine notwendige Offenheit - die vielleicht von bös-willigen Kritikern als Beliebigkeit bezeichnet werden könnte -, um die Möglichkeit zu behalten, die Vielfalt kultureller Phänomene und ihren ständigen Wechsel auf der einen Seite einbeziehen zu können, auf der anderen Seite brauchen musische Prozesse und Erlebnisweisen einen Spielraum, um sich entwickeln zu können. Sie brauchen mehr einen Schutzraum als ein starres Gerüst von Unterrichtseinheiten, die ein inhaltliches, zeitliches, organisatorisches und didaktisches Raster bilden, das abgearbeitet werden muß. Komplexe Erfahrungsprozesse, die durchlebt und verinnerlicht werden sollen, um die viel beschworenen Schlüsselqualifikationen zu erreichen, brauchen offene Rahmenstrukturen, die auch eine gewisse "Leere", Unsicherheit, vielleicht auch eine bestimmte Form chaotischer Strukturen - die sich letztlich wieder zu einem "regelmäßigen" System finden - aufkommen lassen, die zu bewältigen sind. Solche Erfahrungen simulieren schließlich spätere, reale Erfahrungen, die u. a. bei Entscheidungsprozessen auftreten können, die aber häufig gerne auf andere Personen abgeschoben werden (z. B. Verantwortung für etwas zu übernehmen).

4. Welche Chancen bieten Ausstellungen und Aufführungen für eine Selbstdarstellung einzelner oder von Gruppen sowie für die Beeinflussung der öffentlichen Meinung in Richtung auf ein Erkennen der Bedeutung musischkultureller Angebote für die berufliche Bildung?

Die öffentliche Meinung schwankte zwischen positiver Zustimmung bis hin zur Ablehnung solcher "Spielereien". Im (nicht gestaltenden) Handwerk wurden häufiger und lautstärker Bedenken gegen diese Form der "Zeitvergeudung" laut. Fachkunde steht hier oben an.

Die Chancen für das Zustandekommen von Aufführungen sind relativ gering gewesen, weil es an Selbstvertrauen und Mut fehlte, sich öffentlich zu produzieren. Hinzu kommt, daß die Zeit für eine notwendige Probenarbeit nicht zur Verfügung stand oder von den SchülerInnen nicht investiert werden wollte oder konnte.

Ausstellungen sind leichter zu organisieren, weil die Produzenten nicht anwesend sein müssen und dadurch nicht in die mißliche Lage geraten, sich u. U. verteidigen zu müssen.

Die Beurteilung von den Ausstellungen und Aufführungen ist sicherlich nicht einfach, weil häufig die Maßstäbe des professionellen Marktes angelegt werden. Das Publikum ist verwöhnt. Es ist mittlerweile gewöhnt, daß Ausstellungen sensationsartig, massenanziehend, als ein gesellschaftliches Ereignis inszeniert werden; Aufführungen benötigen einen riesigen Mitarbeiterstab, der unsichtbar hinter der Bühne agiert, und hohe Subventionen etc. benötigt. Von diesen Erlebnis- und Sichtweisen ist das Publikum geprägt, Fernsehen und Presse tragen ihr ihriges hierzu bei. Ausstellungen und Aufführungen im Rahmen der Schule haben es sicherlich leichter, weil sie in einem etwas "geschützteren" Raum stattfinden. Sie tragen zum Aufbau und/oder der Belebung eines kulturbezogenen Schullebens bei. Vor allem bieten solche Anlässe innerhalb der Schule die Gelegenheit zum gegenseitigen Austausch. Es werden Anregungen dargeboten vor Ort und an diesem Ort durchgeführt. Es bieten sich Möglichkeiten, fächerübergreifend zusammenzuarbeiten oder über-haupt Produkte aus dem Unterricht eines Kollegen kennenzulernen und darüber zu sprechen.

Die Ausstellungen wurden zum größten Teil von Personen besucht, für die die musisch-kulturelle Bildung sowieso einen hohen Stellenwert besitzt, die also nicht "bekehrt" werden müssen. Die Zweifler entzogen sich gerne dem direkten Zugriff durch die Werke oder sachlichen Gesprächen, sonst hätten sie u. U. ganz neue Seiten an ihren Azubis sehen müssen.

5. Wie kann das musisch-kulturelle Angebot in den beruflichen Schulen gesichert und - z. B. durch die Nutzung der Jugendkunstschule als "künstlerischer Beratungsstelle" - auf andere berufliche Schulen ausgeweitet werden?

Zur Sicherung und Ausweitung der musisch-kulturellen Angebote: Wenn keine außerschulischen Kooperationspartner einbezogen werden, bedeutet das, daß die BerufsschullehrerInnen selbst solche Angebote organisieren und durchführen müssen. Zum einen ist natürlich an entsprechende Fachlehrer zu denken, die z. B. an Fachoberschulen für Gestaltung unterrichten - leider ist dieser Personenkreis häufig mit den übrigen schulischen Verpflichtungen so ausgelastet, daß für zusätzliche Angebote, Beratungen oder Fortbildungen anderer Kollegen keine Zeit übrig ist -, zum anderen könnten sich interessierte LehrerInnen entsprechend fortbilden, um dann an ihrer Schule ein kompetenter Ansprechpartner zu sein. Für beide Lehrergruppen gilt, daß sie mit einem entsprechenden Stundendeputat freigestellt werden müßten, um den Bereich musisch-kultureller Bildung zu betreuen. Sinnvoll erscheint es auch, daß sich Teams von LehrerInnen aus verschiedenen Berufsfeldern bilden, damit nicht wieder einzelnen Personen ein Einzelkämpfertum abverlangt wird und ein fächerübergreifendes (Projekt-) Arbeiten erleichtert wird (Philipp 1995). Diese Teams könnten sich wiederum in regionalen Verbänden "vernetzen", um sowohl einen Ideen- und Materialaustausch zu gewährleisten als auch eine stärkere Position gegenüber den Kritikern der musisch-kulturellen Bildung zu gewinnen.

Sowohl Deputatstunden als auch Fortbildungen kosten Geld. Es ist daher die Frage, ob dieses Geld nicht sinnvoller dafür investiert wird, um außerschulische Partner zu engagieren, die über geeignete Qualifikationen verfügen, und so den LehrerInnen ihr Zeitbudget für die üblichen schulischen Aufgaben erhält.

Zu denken wäre auch an entsprechend qualifizierte, arbeitslose LehrerInnen, die z. B. mehrere Berufsschulen im Verbund betreuen und die über einen schulischen Förderverein angestellt werden.

Zu den außerschulischen Partnern als "künstlerischer Beratungsstelle": Wichtig hierfür wäre, z. B. an einer Jugendkunstschule eine feste Stelle für einen Kunst-, Theaterpädagogen oder Künstler zu schaffen, damit zum einen eine kontinuierliche Arbeit gewährleistet ist und zum anderen ein fester Ansprechpartner zur Verfügung steht, der die Berufsschulen und die Kollegien kennt. Die Arbeit einer Beratungsstelle funktioniert nur, wenn sie von den Zielgruppen akzeptiert wird. Dies setzt aber ein Vertrauensverhältnis, ein persönliches Kennen und einschlägige (positive) Erfahrungen damit voraus. Diese Faktoren lassen sich aber nur im Laufe der Zeit aufbauen und müssen dann auch gepflegt werden, daher die Forderung nach einer festen Kontaktperson.

Wie läßt sich nun so eine Stelle finanzieren? Eine Mischfinanzierung würde die Lasten auf mehrere Partner verteilen. Denkbar wären Projektmittel oder eine institutionelle Förderung durch das Land, Zuschüsse der jeweiligen Kommune, betriebliche Sponsoren, die Geld- oder Materialmittel zur Verfügung stellen, vielleicht auch die Berufsschulen selbst oder Fördervereine der Schulen, soweit es der Etat zuläßt, - Einnahmen z. B. aus den Produktionsschulen könnten hierfür z. T. verwendet werden oder einzelne musischkulturelle Projekte müßten so geplant sein, daß sie Verkaufserlöse "einspielen", z. B. öffentliche Theateraufführungen, Produkte, die verkauft werden, Tombolas, Versteigerungen, Musikproduktionen (Konzerte, CDs etc.) - eine weitere Möglichkeit wäre, von den SchülerInnen kleine "Spenden" zu erheben, um eine Honorarkraft oder Material zu finanzieren. Zu überlegen wäre auch, ob es nicht Möglichkeiten der Finanzierung durch die Handwerkskammern bzw. Industrie- und Handelskammern gibt oder durch EU-Mittel i. S. einer Ausbildungs- oder Wirtschaftsförderung? (s.a. Birmes/Vermeulen 1991).

Des weiteren wären Materialquellen kreativ zu erschließen durch Abfallteile, Ausschußware, Papierreste von Druckereien und Verwaltungen, Stanzbögen, ausrangierte Werkzeuge und Maschinen, Sperrmüll, Betriebsauflösungen etc. Es könnten als Projekt auch Kreativpavillons gebaut werden, um sich entsprechende Räumlichkeiten und Einrichtungen selbst zu schaffen. Durch solche Maßnahmen könnten Geldsummen eingespart werden, die wiederum zur Vergabe von Lehraufträgen an Künstler genutzt werden könnten.

6. Wie können organisatorische Probleme gelöst werden, die sich aus der besonderen Situation beruflicher Schulen - vor allem der Teilzeitberufsschulen - ergeben?

Bei einer entsprechend langfristigen Planung lassen sich musisch-kulturelle Angebote in den Stundenplan integrieren - auch unter diesem Aspekt ist eine feste "künstlerische Beratungsstelle" von Vorteil, die die zeitlichen Planungsphasen der Schulen kennt und Angebote so frühzeitig organisieren kann, daß sie einplanbar werden. Aber selbst bei kurzfristig angesetzten Projekten lassen sich mit gutem Willen von Schulleitung und Kollegium Lösungen finden. Voraussetzung hierfür ist allerdings, daß sich dieser Personenkreis dafür vor Ort einsetzt. Die Berücksichtigung von Konzepten der Organisationsentwicklung (Rolff 1995), aber auch das Nachdenken über geschlechtsspezifische Verhaltensweisen in der Schulentwicklung (Koch-Priewe 1995) oder über den Umgang mit Kritik (Miller 1995) können hier Hilfen bieten.

Die Blockung für musisch-kulturelle Angebote zu mindestens zwei Schulstunden hat sich als sinnvoll und praktikabel erwiesen. Sie bedeutet aber u. U., daß die SchülerInnen ein Halbjahr diesen Wahlpflichtunterricht besuchen und im nächsten Halbjahr dafür frei haben, da in der Stundentafel nur eine Schulstunde vorgesehen ist. Andere Varianten, die bis zu ganztägigen Blockveranstaltungen reichen, lassen sich nur in Absprache mit Kollegen organisieren, die für diese Tage ihre Stunden zur Verfügung stellen und später nachholen. Auch die Kombination mit allgemeinbildenden Fächern oder entsprechenden (praktischen oder theoretischen) Fachstunden erwiesen sich als möglich, um ein größeres Zeitkontingent zu erzielen. Längere Zeitphasen ermöglichen eine differenziertere Lernorganisation mit einer entsprechenden individuellen Förderung. Offenere Zeitstrukturen flexibilisieren die Organisation von Lernprozessen (Holtappels 1994).

Generell ist auch zu überlegen, ob nicht bestimmte Unterrichtsinhalte auch anders, sprich musisch-kulturell, vermittelt werden können, um so eine größere Methodenvielfalt des Unterrichts und eine größere Motivation der SchülerInnen und LehrerInnen zu erreichen?

Teil

Verzeichnisse der Literatur und Abbildungen

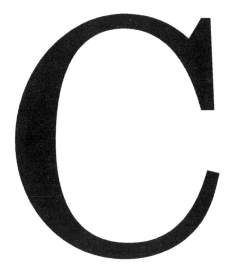

1 Verzeichnis der Abkürzungen

ABS = August-Bebel-Schule

AG = Arbeitsgemeinschaft

AH = Berufsschule für Arzthelferinnen

BFS = Berufsfachschule

BGJ = Berufsgrundbildungsjahr

BGym = Berufliches Gymnasium (Wirtschaft)

BMBW = Bundesministerium für Bildung und Wissenschaft

BS = Berufsschule

BSM = Klasse für Mädchen ohne Ausbildungsvertrag

BVJ = Berufsvorbereitungsjahr

DS = BS und FOS Textil (Damenschneiderinnen)

EBA = Eingliederungs-Lehrgang in die Berufs- und Arbeitswelt

El./Met. = Berufsfeld Elektro/Metall

FJu = Fachstufenklasse für Justizangestellte

FLIB = Förderlehrgang des Int. Bundes f. Sozialarbeit

FS = Fachschule

FSO = Fachschule für Sozialpädagogik - Oberstufe

FSS = Fachschule für Sozialpädagogik

FSU = Fachschule für Sozialpädagogik - Unterstufe

FVA = Fachstufenklasse für Verwaltungsfachangestellte

gew = gewerblich-technisch

JKS = Jugendkunstschule

kfm = kaufmännisch-verwaltend

KKS = Käthe-Kollwitz-Schule

KL = BS für Maler und Lackierer (Kfz-Lackierer)

KÖM = Fachstufenklasse für Körperpflege (Friseure)

MV = Modellversuch

ReNo = Fachstufenklasse für Rechtsanwalts- und Notariatsgehilfinnen

soz = hauswirtschaftl.-pfleger.-sozialpädagogisch

SS = Sommersemester

THS = Theodor-Heuss-Schule

TZ = Teilzeitschulische Ausbildung

VSM = Vorpraktikantinnen der Fachschule für Sozialpädagogik im 2. Praktikumsjahr

VSU = Vorpraktikantinnen der Fachschule für Sozialpädagogik im 1. Praktikumsjahr

VZ = Vollzeitschulische Ausbildung

WfB = Werkstatt für Behinderte

WS = Wintersemester

2 Verzeichnis der Abbildungen

Abb. 1: Die Ausbildungsfelder der beruflichen Bildung
Abb. 2: Allgemeine Personenangaben (in %)
Abb. 3: Allgemeine Personenangaben
Abb. 4: Schülerdaten
Abb. 5: Verteilung der musisch-kulturellen Angebote

Tabellen
Tab. 1: Verteilung der Schulformen/Klassen auf die beteiligten Berufsschulen
Tab. 2: Klassenverteilung nach Voll- und Teilzeitschülern
Tab. 3: LehrerInnenverteilung auf die Berufsschulen
Tab. 4: Verteilung der musisch-kulturellen Angebote auf die verschiedenen Schulformen und Klassen

Farbabbildungen
1 + 2 Masken
3 + 4 Schreibtischbox
5 Konzentration
6 + 7 Teamarbeit
8, 9 + 10 Arbeitsprozeß und plastische Form
11 Standbild "Die da ..."
12 + 13 Zeichentechniken
14 + 15 Freilandplastik
16 + 17 Fingerfarben
18 + 19 Malspiel
20 - 23 Farblabyrinth
24 + 25 Plakatgestaltung
26 Choreografie
27, 28 + 29 Klatschen
30 - 33 Sich öffnen
34 Unkonventionelles
35 Ästhetische Reflexion
36, 37 + 38 Marmorieren
39 Fotografie
40 Podiumsdiskussion

3 Literatur

Atrium, Zentrum f. Jugendtheater u. JKS (Hg.): Intensivierung, Qualifizierung und Erweiterung der Musisch-kulturellen Arbeit in den Schulen im Hinblick auf künftige Wechselwirkungen mit dem Wohnumfeld, mit der dezentralen Kulturarbeit im Bezirk und mit der Citykultur. Berlin 1991, 1992.

AWT Wissens Transfer GmbH; Hess. Inst. f. Bildungsplanung u. Schulentwicklung (Hg.): Kreativität und Berufliche Bildung. Arbeits- und Informationstagung im Bauhaus Dessau (24.-26.2.1994). Red.: U. Brinkmann. Wiesbaden, Dessau 1994.

Becker, G.E.; Gonschorek, G.: Das Burnout-Syndrom. Ursachen, Interventionen, Konsequenzen. In: Pädagogik, H.10 (1990), S.10-14.

Becker, H.; v. Hentig, H. (Hg.): Zensuren. Lüge - Notwendigkeit - Alternativen. o.O.: Klett-Cotta im Ullstein Tb, 1983.

Bendler, A.: Leistungsbeurteilung in offenen Unterrichtsformen. In: Pädagogik, H.3 (1995), S.10-13.

Binnig, G.: "Freies Spiel für unseren Kreativitätsmuskel". Plädoyer für ein neues Denken. In: Bundesverband d. Dtn. Volksbanken u. Raiffeisenbanken (Hg.): Kreativität ist ... 21. Int. Jugendwettbewerb d. genossenschaftl. Banken. Wiesbaden: Dtr. Genossenschafts-Verl., 1990.

Birmes, A.; Vermeulen, P.: Kursbuch Kulturförderung. Finanzierungsleitfaden zur Jugend- u. Kulturarbeit. Unna: LKD-Verl., 1991.

Brater, M.: Motivation und Qualifizierung durch kreative Lernangebote in der Sekundarstufe II. In: Landesinst. f. Schule u. Weiterbildung (Hg.): Der andere Lernort: das Studio. Soest 1984, S. 39-63.

Brater, M.; Buchele, U.; Reuter, M.: Fachübergreifende Qualifizierung durch künstlerische Übungen. München: R. Hampp, 1985 (=Ausbildungsversuch der FORD-Werke AG, Köln).

Brater, M.; Büchele, U.; Fucke, E.; Herz, G.: Künstlerisch handeln. Die Förderung beruflicher Handlungsfähigkeit durch künstlerische Prozesse. Stuttgart: Verl. Freies Geistesleben, 1989. (= Veröff. d. Ges. f. Ausbildungsforschung u. Berufsentwicklung).

Brenner, G.; Niesyto, H. (Hg.): Handlungsorientierte Medienarbeit. Video, Film, Ton, Foto. Weinheim u.a.: Juventa, 1993. (= Praxishilfen für die Jugendarbeit).

Bullau, K.; Johanssen, Th.; Schmidt-Milduer, Gr.; Schwarzbach, D.: Produktionsschule in Hamburg. Konzeption eines Modellversuchs. Hamburg: Verl. Produktion u. Schule ^{3}1992.

Bund-Länder-Kommission f. Bildungsplanung u. Forschungsförderung (BLK): Musisch-kulturelle Bildung. Ergänzungsplan zum Bildungsgesamtplan. 2 Bde. Stuttgart: Klett, 1977.

Bundesminister für Bildung u. Wissenschaft (Hg.): Bundesförderung Bildung und Kultur. Ideen, Projekte, Modelle. Bonn ²1988.

Bundesminister für Bildung u. Wissenschaft (Hg.): Die Jugendkunstschule. Modell sozialer Kulturarbeit. Bonn 1979. (= BMBW Werkstattberichte Nr. 20).

Bundesminister für Bildung u. Wissenschaft (Hg.): Künstler und Lehrlinge. Bonn 1980. (= BMBW Werkstattberichte Nr. 27).

Bundesminister für Bildung u. Wissenschaft (Hg.): Modellversuch Künstler und Schüler. Abschlußbericht. Bonn 1980. (= BMBW Werkstattberichte Nr. 23).

Bundesvereinigung Kulturelle Jugendbildung (BKJ)(Hg.): Zukunft Jugendkulturarbeit. Gesellschaftl. Herausforderungen und kulturelle Bildung. Red.: H. Bockhorst. Remscheid: BKJ, 1994. (= Schriftenreihe d. BKJ, Bd. 28).

Burisch, M.: Das Burnout-Syndrom. Theorien der inneren Erschöpfung. Berlin u.a.: Springer, ²1994.

Burow, O.-A.; Neumann-Schönwetter, M. (Hg.): Zukunftswerkstatt in Schule und Unterricht. Hamburg: Bergmann u. Helbig, 1995.

Der Hessische Kultusminister (Hg.): Bildungswege in Hessen Nr. 6: Berufliche Schulen. Wiesbaden 1994.

Der Hessische Kultusminister (Hg.): Verordnung über die Berufsschule v. 22.4.1993. Gült. Verz. Nr. 722. Wiesbaden 1993.

Deutscher Kulturrat (Hg.): Konzeption Kulturelle Bildung (Bd. 1) u. Dokumentation der Fachtagung "Notwendigkeit oder Luxus? Perspektiven Kultureller Bildung", Potsdam 19. - 21.11.1993. " (Bd. 2). Essen: Klartext Verl., 1994.

Edding, Fr.; Mattern, C.; Schneider, P. (Hg.): Praktisches Lernen in der Hibernia-Pädagogik. Eine Rudolf-Steiner-Schule entwickelt eine neue Allgemeinbildung. Stuttgart: Klett-Cotta, 1985.

Edwards, B.: Garantiert Zeichnen lernen. Das Geheimnis der rechten Hirn-Hemisphäre und die Befreiung unserer schöpferischen Gestaltungskräfte. Reinbek: Rowohlt, 1982.

Erhart, K.; Peise-Seithe, M.; Raske, P.: Die Jugendkunstschule. Kulturpädagogik zwischen Spiel und Kunst. Regensburg: Bosse, 1980.

Felber, J.: Kunstunterricht - Bildnerische Erziehung. In: G. Schröter: Zensuren? Zensuren! Allgemeine und fachspezifische Probleme. Kastellaun: Henn Verl., 1977, S. 137 - 148.

Freie Hansestadt Bremen, Der Senator f. Bildung u. Wissenschaft; Die Kultusministerin d. Landes Mecklenburg-Vorpommern (Hg.): Einbeziehung fremdsprachlicher, musischer und kreativitätsfördernder Lernangebote in die kaufmännische Berufsausbildung (Kumulus) (Modellversuch 1991-1994). Bremen: Universität Bremen, Fb 10, 1992, 1993, 1994.

Frey, K.: Die Projektmethode. Weinheim: Beltz, ³1990.

Hess. Inst. f. Schulentwicklung u. Bildungsplanung (HIBS)(Hg.): Musisch-kulturelle Unterrichtsangebote im Wahlpflichtunterricht der Berufsschule. Wiesbaden: HIBS, 1995. (= Forum Berufliche Bildung, H.1.).

Holtappels, H.G.: Lernkultur braucht Raum und Zeit. Pädagog. Perspektiven der Ganztagsschule. In: Friedrich Jahresheft XII (1994): Schule. Zwischen Routine und Reform. S. 22-24.

Horster, L.: Wie Schulen sich entwickeln können. Soest: Soester Verlagskontor, 1991.

Höller, B.: Öffnung des Lernorts Studio zur betrieblichen Berufsausbildung. In: Landesinst. f. Schule u. Weiterbildung (Hg.): Der andere Lernort: das Studio. Soest 1984, S. 72-88.

Info-Dienst. Kulturpädagog. Nachrichten. Red.: J. Lamers-Hanisch. LKD-Verl., Unna.

Ipfling, H.-J.; Lorenz, U.; Peez, H.: Verstärkung des musisch-kulturellen Lernbereichs in der Hauptschule. Mainz: v. Hase & Koehler, 1986. (Modellversuch).

Jugendkunstschule Offenbach (Hg.): Broschüre der JKS Offenbach. Offenbach 1986.

Jugendkunstschule Offenbach (Hg.): Zwischenberichte 1 - 3 zum Modellversuch "Förderung musisch-kultureller Angebote in der beruflichen Bildung". Offenbach 1992, 1993, 1994.

Jungk, H. R.; Müllert, N.: Zukunftswerkstätten. München: Heyne, 1989.

Kathen v., D.; Vermeulen, P.: Handbuch Jugendkunstschule. Konzepte-Organisation-Finanzierung. E. Ratgeber f. kulturelle Initiativen. Unna: LKD-Verl., 1992.

Klant, M.; Walch, J.: Grundkurs Kunst 2. Themen aus Plastik, Skulptur, Objekt. Hannover: Schroedel, 1990.

Klippert, H.: Gewußt wie. Methodenlernen als Aufgabe der Schule. In: Pädagogik, H.1 (1995), S.6-10.

Klippert, H.: Methodenlernen mit System. Lernspirale zum Thema "Klassenarbeiten vorbereiten". In: Pädagogik, H.1 (1995), S.33-36.

Koch-Priewe, B.: Über die männliche Kultur hinausgehen. Schulentwicklung aus weiblicher Perspektive. In: Pädagogik, H.2 (1995), S.22-24.

Kulturelle Bildung. Antwort der Bundesregierung, Drucksache 11/7670 des Deutschen Bundestages v. 13.8.1990.

Kultusminister des Landes NRW (Hg.): Kreativität mit System? Ein Jahr KäBiS. Modellversuch Kulturell-ästhetische Bildung der Sinne. Unna: LKD-Verl., 1991.

Landesarbeitsgemeinschaft an berufsbild. Schulen NRW (Hg.): LAG Info. Jugendarbeit an Schulen. H.9 (1991). Bochum (ehem. Hattingen).

Landesinstitut für Schule und Weiterbildung (Hg.): Der andere Lernort: das Studio. Soest 1984.

Landesinstitut für Schule und Weiterbildung (Hg.): Rahmenkonzept "Gestaltung des Schullebens und Öffnung von Schule" (GÖS) des Kultusministeriums von NRW. Soest: Soester Verlagskontor, 1988.

Lauper-Schweizer, G.: Fördern musikalische Aktivitäten die Sozialkompetenz? Universität Bern, Pädagog. Inst. 1991.

Lehnerer, Th.: Ästhetische Bildung. In: Jahresheft VI, Friedrich Verlag "Bildung" (1988), S.42-45.

Malycha, A.: Projekt "Lernen lernen". Lerntage zu Beginn der fünften Klasse. In: Pädagogik, H.1 (1995), S.11-18.

Mangels, Joh.: 100 Fragen beim Betrachten einer Plastik. Wilhelmshaven: Noetzel, ²1991.

Matussek, P.: Kreativität als Chance. Der schöpferische Mensch in psychodynamischer Sicht. München u.a.: Piper, ³1979.

Miller, R.: Kritik und Widerstand im Kollegium. Wie gehen wir damit um? In: Pädagogik, H.2 (1995), S.32-35.

Müller, R. (Hg.): Spiel und Theater als kreativer Prozeß. Theaterpädagog. Grundlagen und Verfahren. Berlin: Rembrandt, 1972.

Nahrstedt, W.: Leben in freier Zeit. Darmstadt: wb, 1990.

Oehrens, E.-M.: Ziele und Begriffe der Kulturpädagogik. In: Baer, U.; Fuchs, M. (Hg.): Methoden und Arbeitsformen der Kulturpädagogik. Unna: LKD-Verl., 1993. S.21-52. (= Expertise 5 aus "Kinder- u. Jugendkulturarbeit in Nordrhein-Westfalen: Bestandsaufnahme - Perspektive - Empfehlungen")

Otto, G.: Das Ästhetische ist "Das andere der Vernunft". Der Lernbereich Ästhetische Erziehung. In: Friedrich Jahresheft XII (1994): Schule. Zwischen Routine und Reform. S. 56-58.

Otto, G.: Die aktuelle Ästhetikdiskussion und die Schule von heute. In: Pädagogik, H.9 (1992), S.38-43.

Pädagogik, H.6 (1992): Mit Phantasie und Kreativität.

Pallasch, W.; Reimers, H.: Pädagogische Werkstattarbeit. Weinheim u.a. 1990.

Peez, G.: "Ich möchte Nebel malen lernen." Theorieelemente erfahrungsoffenen Lernens in der kunstpädagogischen Erwachsenenbildung. Frankfurt/M.: dipa, 1994.

Philipp, E.: Vom Einzelkämpfertum zum Team. Konzepte und Methoden für gemeinsame Arbeit. In: Pädagogik, H.2 (1995), S.36-38.

Preiser, S.: Kreativitätsforschung, Darmstadt: wb, ²1986.

Richter-Reichenbach, K. -S.: Bildungstheorie und Ästhetische Erziehung heute. Darmstadt: wb, 1983.

Rolff, H.-G.: Die Schule als Organisation erzieht. Organisationsentwicklung und pädagogische Arbeit. In: Pädagogik, H.2 (1995), S.17-21.

Roloff, U.; Bundesverband Bildender Künstler (Hg.): Künstler und Kulturarbeit. Modellversuch Künstlerweiterbildung 1976 - 1981. Berlin, Hochschule der Künste, 1981.

Rupp, W.: Kulturelle Praxis in der Berufsschule. In: GEW Berufsschul-Insider, H.2 (1994). S.3-7.

Scheuerer, S.: Förderung von Kreativität und persönlicher Identität in der Beruflichen Bildung. Der Offenbacher Modellversuch. In: Hess. Inst. f. Bildungsplanung u. Schulentwicklung 1995. S. 18-28, 66-72.

Scheuerer, S.: Jugendkunstschule live: Wege zum Beruf. Ermutigung zu neuen Wegen. Ein Modellversuch. In: phantastisch, Jugendkunstschulmagazin (1994/95), S.24.

Scheuerl, H.: Das Spiel. Weinheim u.a.: Beltz, ¹¹1990.

Schmidt, H.; Reisse, W.: Zensuren und Beurteilungen in der beruflichen Bildung". In: Becker, H.; v. Hentig, H. 1983, S. 181-201.

Schnabel, B.; Jockweg, G. (Hg.): KUBUS (Kultur - Beruf - Schule) (1990-93), Titel des MV-Antrags: Entwicklung und Förderung kreativer und gestalterischer Elemente der beruflichen Bildung durch Zusammenarbeit der Lernorte Schule und Betrieb mit Künstlern und Einrichtungen des musischkulturellen Bereichs, Träger: Stadt Düsseldorf.

Selle, G.: Das ästhetische Projekt. Unna: LKD-Verl., 1992.

Stadt Neuss - Der Stadtdirektor, Schule f. Kunst u. Theater (Hg.): Berichte zu einem Modellversuch (1 - 5). Das "Neusser Modell" - Eine JKS für 15 - 25jährige (1990-93). Unna: LKD-Verl., 1993.

Steinig, W.: Experten im Unterricht. Nicht Lehrer - Schüler stellen die Fragen. In: Pädagogik, H.1 (1995), S.41-45.

Struck, P.: Neue Lehrer braucht das Land. Ein Plädoyer für eine zeitgemäe Schule. Darmstadt: wb, 1994.

Tausch, R.; Tausch, A.-M.: Erziehungspsychologie. Begegnung von Person zu Person. Göttingen u.a.: Hogrefe, ^{10}1991.

Tenorth, H.-E.: "Alle alles zu lehren". Möglichkeiten und Perspektiven allgemeiner Bildung. Darmstadt: wb, 1994.

Tippelskirch v., I. (Hg.): Kreatives Lesen und Schreiben. Ein Beitrag des Modellversuchs *Schulkultur*. Saarbrücken: Landesinstitut für Pädagogik und Medien (LPM), 1993. (= Schriftenreihe des LPM, H. 15).
Tippelskirch v., I. (Hg.): Kreativität und Deutschunterricht. Dokumentation der Fachtagung vom 2.10.1990. Ein Beitrag des Modellversuchs *Schulkultur*. Saarbrücken: Landesinstitut für Pädagogik und Medien (LPM), 1993. (= Schriftenreihe des LPM, H. 16).
Tippelskirch v., I. (Hg.): Braucht die Schule Schulkultur? Dokumentation der Fachtagung des Modellversuchs *Schulkultur* am 11.2.1992. Saarbrücken: Landesinstitut für Pädagogik und Medien (LPM), 1993. (= Schriftenreihe des LPM, H. 17).
Tippelskirch v., I. (Hg.): Schulkultur - Entwicklung und Erprobung eines didaktischen Konzepts der erweiterten musischkulturellen Erziehung in der Schule (1989-1992), Träger: Landesinstitut für Pädagogik und Medien (LPM), Dudweiler.

Vicari, R.: "Ich müßte mal wieder einen Test schreiben!" Möglichkeiten einer prozeßgeleiteten Leistungsbeurteilung. In: Pädagogik, H.3 (1995), S.17-21.

Wallrabenstein, W.: Offene Schule - Offener Unterricht. Reinbek: Rowohlt, 1991.

Wunder, D. (Hg.): Kreativität in der Berufsschule. Musische, ästhetische und kreative Bildung für Berufsschülerinnen und Berufsschüler. Red.: S. Schmidt, A. Strack. Frankfurt: GEW, 1995. (= Veröff. d. Max-Traeger-Stiftung).

Bücher zur Kinder- und Jugendkulturarbeit

Brigitte Pyka

Jugendkunstschulen in der BRD
Statistische Daten - Grafiken - Kommentare

Was kann man in Jugendkunstschulen machen, und wer geht hin? Bieten sie spezielle Angebote für Mädchen an, arbeiten sie mit anderen Institutionen zusammen? Sind sie nur für die Jugend da, oder kommen auch Kinder und Erwachsene? Was ist mit "Kunst" gemeint? Geht es um Malen und Basteln, um Musik und Medien, um Tanz und Theater oder um alles zusammen? - Brigitte Pykas Studie vermittelt einen Gesamtüberblick über diese und andere Fragen (Programmgestaltung, Teilnehmerzahlen, Finanzausstattung, Trägerschaft, Status/Qualifikation der MitarbeiterInnen etc.) zu den "Jugendkunstschulen in der BRD".

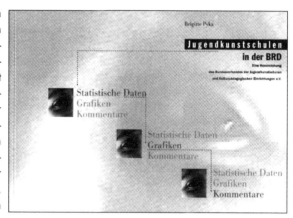

112 Seiten, Unna 1993
ISBN 3-925426-68-X
DM 29,80

LKD-Verlag, Luisenstr. 22, 59425 Unna, Tel. 02303-69324, Fax 02303-65057

Bücher zur Kinder- und Jugendkulturarbeit

Schule für Kunst und Theater der Stadt Neuss (Hg.)

Berichte zu einem Modellversuch

Der Abschlußbericht des Modellversuchs "Schule für Kunst und Theater" in Neuss mit Beschreibungen und Auswertungen ist als Abfolge von fünf Berichten erschienen. Der erste Band, *"Das Neusser Modell"*, widmet sich grundsätzlichen Fragestellungen des Modellversuchs. Thomas Brandt, Leiter der Schule für Kunst und Theater, beschreibt die Besonderheiten des Neusser Modells - einer Jugendkunstschule für 15- bis 25jährige. Matthias Winzen erläutert im Anschluß Fragestellungen, Methoden und Ziele der wissenschaftlichen Begleitung. Band 2 enthält Beiträge von KünstlerInnen und  WissenschaftlerInnen zum Thema *"Kunst lernen"*. Der dritte Band, *"Offenheit ist nicht Beliebigkeit"*, stellt Rolle, Aufgabenstellung, Ziele und Erfahrungen der DozentInnen dar. Das vierte Heft, *"Orientierung, Erfahrung, Aneignung"*, ist den TeilnehmerInnen gewidmet: eine Teilnehmertypologie der unterschiedlichen Motivationen und Nutzungsformen. Der fünfte Band, *"Die Teilnehmerbefragung"*, enthält eine Beschreibung und Deutung sämtlicher statistischer Befunde der empirischen Befragung.

	Neuss 1992/93
Band 1	ISBN 3-925426-43-4
Band 2	ISBN 3-925426-46-9
Band 3	ISBN 3-925426-61-2
Band 4	ISBN 3-925426-62-0
Band 5	ISBN 3-925426-63-9
Band 1-5	ISBN 3-925426-64-7

DM 5,00 (Einzelband, alle Bände zusammen DM 20,00)

LKD-Verlag, Luisenstr. 22, 59425 Unna, Tel. 02303-69324, Fax 02303-65057

Bücher zur Kinder- und Jugendkulturarbeit

Stephan Kolfhaus/Wolfgang Zacharias u.a.

5 x Kultur
+1 x Management
=6/3 Jahre KäBiS

Modellversuch Kulturell-Ästhetische Bildung der Sinne

Ziel des NRW-Modellversuchs KäBiS "Kulturell-Ästhetische Bildung der Sinne" war es, übertragbare Konzepte einer kulturell-ästhetischen Bildung zu entwickeln und umzusetzen, darüber hinaus betriebswirtschaftliche und organisatorische Bedingungen zu untersuchen und zu verbessern. Den Projektbeschreibungen schließen sich Einschätzungen der organisatorischen, wissenschaftlichen und ökonomischen Begleitung des Modellversuchs an. Mit Beiträgen von Prof. Reiner Nachtwey, Wolfgang Zacharias u.a.

Unna 1994
ISBN 3-925426-76-0
DM 34,00

LKD-Verlag, Luisenstr. 22, 59425 Unna, Tel. 02303-69324, Fax 02303-65057

Bücher zur Kinder- und Jugendkulturarbeit

Gert Selle

Betrifft Beuys
Annäherung an Gegenwartskunst

Gert Selle hat nie ein Hehl daraus gemacht, daß er dem traditionellen Kunst-Vermittlungsrepertoire in und außerhalb der Schule wenig zutraut. Wie es anders gehen könnte, demonstriert der Oldenburger Kunstpädagoge nun in einer Folge von Annäherungen an Joseph Beuys. Von scheinbar traditionellen Ausgangspositionen: Ausstellungsbesuch, Werkbetrachtung, tasten sich die Suchbewegungen behutsam an die Werke heran.
Von der physischen Konfrontation über die gedankliche Rekonstruktion, von Eigenem und Fremdem zur experimentellen Materialerkundung und zurück - vom Schweigen zum Schreiben zum Handeln. Ein Theorie-Praxis-Buch mit Anregungen für schulische und außerschulische Arbeitsfelder.

167 Seiten, Unna, Dezember 1994
ISBN 3-925426-73-6,
DM 36,00

LKD-Verlag, Luisenstr. 22, 59425 Unna, Tel. 02303-69324, Fax 02303-65057